日本でいちばん社員のやる気が上がる会社

——家族も喜ぶ福利厚生一〇〇

坂本光司＆坂本光司研究室
Sakamoto Koji

ちくま新書

日本でいちばん社員のやる気が上がる会社——家族も喜ぶ福利厚生一〇〇【目次】

はじめに　011

序章　「社員のモチベーションを高める経営」とは？　013

第一章　中小企業の福利厚生制度の現状　023

（1）現在実施している法定外福利厚生制度　024
（2）今後の方向と目的　027
（3）今後新たに実施したい制度　028
（4）運営上の課題　029
（5）行政や大学等に対する要望・意見　032

第二章　社員と家族が飛び上がって喜ぶ福利厚生制度一〇〇　035

子育て　二〇〇万円の出産祝い金を支給　036
子育て　病児のためのベビーシッターを会社で契約　038

子育て　学校や保育園が休みの日は、「子供同伴出勤」 040
子育て　オフィスに授乳室を設置 042
子育て　企業内保育園の設置 044
子育て　いつでも子連れ出勤可能 046
子育て　在宅勤務制度を導入 048
子育て　出産後も働きやすい環境を整備 050
メモリアル　家族の誕生日や命日などに特別休暇 052
メモリアル　配偶者の誕生日に特別休暇 054
メモリアル　あらゆる記念日に休めるメモリアル休暇 056
メモリアル　誕生日に一〇万円をプレゼント 058
メモリアル　パート社員にも誕生日プレゼント 060
メモリアル　誕生日には全社員から花一輪のプレゼント 062
メモリアル　誕生日には社員とその親にプレゼント、そして先祖にも供え物 064
メモリアル　社員の誕生日に家族にも金一封とお祝いの手紙 066
メモリアル　転勤の時に花とメッセージカードのプレゼント 068
メモリアル　子供の誕生日に図書カードと社長からのメッセージ 070

就業条件　四年に一度のオリンピック休暇　072
就業条件　最長一カ月の長期リフレッシュ休暇　074
就業条件　有給休暇一〇〇％消化の推奨　076
就業条件　年間休館日が三〇日以上ある人気旅館　078
就業条件　年末年始は二〇日間の連続休暇　080
就業条件　ほぼ全員が定時前に退社　082
就業条件　何回でも復職が可能　084
就業条件　週一回、出勤を一時間遅くできる「ニコニコ出勤制」　086
就業条件　残業削減分を賞与で還元　088
就業条件　シエスタ（仮眠休憩）制度で効率向上　090
就業条件　生涯現役・定年なし　092
就業条件　障がい者も含め全社員が正社員雇用　094
就業条件　社員も家族も仕事の犠牲にしない数多くの制度がある　096
就業条件　役職者にも残業手当を一分単位で支払う　098
職場環境　体にフィットする高性能なイスで健康を支援　100
職場環境　社員のために景色の良い職場へ移転　102

職場環境　歯磨き・化粧専用ルームを設置　104
職場環境　通勤車両を無料で修理する　106
職場環境　無事故手当で安全運転を促す　108
職場環境　出張は二人、高級社用車で　110
職場環境　会社でいちばん快適な場所が、社員食堂兼休憩室　112
職場環境　快適な職場のための「機器類個人購入制度」　114
親睦　週に一度、社員全員でバーベキューの昼食　116
親睦　年に一度、全社員参加の祭事を行う　118
親睦　全社員がドレスアップしてパーティーを楽しむ　120
親睦　関係者全員が参加する交流会　122
親睦　社員と家族が参加するサマーパーティー　124
親睦　社員の家族を招待するフレンチレストラン　126
親睦　社長と幹部がもてなす食事会　128
親睦　上司とランチミーティングでコミュニケーション　130
親睦　社員の「飲みニケーション」を支援　132
親睦　社員一人ひとりに一〇〇以上のほめ言葉をプレゼント　134

親睦　社員同士で渡し合うクレドポイント制度　136
親睦　海外で難民視力支援活動を行うメガネ店　138
親睦　社員の働く姿を家族にＤＶＤレターとしてプレゼント　140
親睦　家族が会社を見学する「天晴カーニバル」を開催　142
教育　海外留学支援制度で人生の目標を応援　144
教育　学会の参加費用をすべて負担　146
教育　毎日の朝礼後ミーティングで、一人ひとりの能力向上を目指す企業　148
教育　読みたい本はすべて企業が購入　150
教育　親孝行月間に作文を書く　152
教育　毎年、年齢に応じた「教育補助金」を支給　154
教育　毎月、お茶とお花のお稽古を開催　156
教育　退職時に社員文集をプレゼント　158
教育　改善提案には、必ず奨金を支給　160
教育　多種多様な表彰制度　162
教育　地域活動手当の支給　164
生活　ユニークな独自年金　166

生活　親孝行手当・家族感謝手当を支給　168
生活　純利益の一％を家族に還元する「決算還元金制度」　170
生活　服飾代を現金で支給　172
生活　新入社員の里帰り交通費を全額支給　174
生活　社員の家庭を守る臨機応変の支援制度　176
生活　クリスマスイブにサンタがケーキをプレゼント　178
生活　高級リゾート施設の宿泊支援制度　180
生活　毎年、社員が贈ってほしい人に花束をプレゼント　182
生活　社員の不動産購入をプロがアドバイス　184
生活　社宅は古民家活用、「まち」づくりで暮らしやすさも向上　186
生活　最長六年間の介護休暇　188
生活　病気による長期休暇後も、休みながら勤務できる　190
健康　非喫煙者と禁煙宣言者に手当を支給　192
健康　手厚い健康支援スタッフの配置　194
健康　健康診断結果でご褒美ランチ　196
健康　がんになっても安心して働ける制度　198

健康　高機能な健康機器を導入　200
健康　インフルエンザ予防接種の費用を全額負担　202
健康　酸素ボックスで社員リフレッシュ　204
健康　朝ヨガ教室で心と身体の健康をサポート　206
食事　会社の負担でおやつ食べ放題　208
食事　ゆっくりくつろげる社内カフェ　210
食事　社員の希望がかなう、メニュー豊富な社員食堂　212
食事　フルーツ常備の「フリービタミン制度」　214
食事　社員が持参する昼食に一品追加　216
食事　自社農園の有機野菜を使った社員食堂　218
食事　季節の果物や野菜を社員にプレゼント　220
食事　家庭菜園にかかる費用を補助　222
その他　震災復興手当を支給　224
その他　全社員に毎年お歳暮を贈り続ける　226
その他　お中元やお歳暮は全社員で分配　228
その他　株式の七五％を社員と顧客が保有　230

その他　月曜日が楽しくなる朝礼 232
その他　日本一長くて楽しい朝礼 234

第三章 今後の福利厚生制度導入・運営の五つの視点 237

(1) 業績向上の手段ではなく社員とその家族の幸せのため 238
(2) 制度の導入よりも企業風土が大切 239
(3) 全体対応よりは個別対応 240
(4) 社員だけでなくその家族も 243
(5) 金銭より心安らぐ福利厚生制度を 244

あとがき 245

執筆者一覧 249

はじめに

人、とりわけ社員とその家族を大切にしている企業の業績は例外なく高く、逆に業績向上の手段・コストなどと位置づけている企業の業績は、例外なく低い、ということが、多くの企業研究の成果として近年、明らかになっています。

それもそのはず、組織満足度やモチベーションの高い社員が、企業の盛衰の決定権者である顧客に対し、満足度の高い言動をするのは当然だからです。

逆に言えば、所属している組織や上司に対し不平・不満・不信感を持った社員が、顧客に対し感動的な価値を創造・提案するとは到底思えないからです。

社員の満足度やモチベーションが高い企業においては、共通する特長がいくつかありますが、その一つが「いい福利厚生制度」の存在とその自然な利活用です。

いい企業では、社員とその家族がその組織に所属する喜びや幸せを実感できるような、独自かつ多彩な福利厚生制度が導入され、しかもそれが気兼ねなく利活用されているということです。

しかも、そういった企業は、制度の充実強化を企業の業績向上や効果・効率向上の手段として重視するのではなく、家族の一員としての社員とその家族を少しでも幸せにしたいという強い思いで、取り組んでいるのです。

ですから、好不況にぶれず安定的に高業績を実現したいと思うならば、まずは社員とその家族が喜んでくれる、利活用しやすい福利厚生制度の導入や、既存の制度の充実強化、さらには風土の醸成が必要かつ重要だと言えます。

とは言え、多くの中小企業がその重要性や必要性は理解したとしても、どんな制度があるのか、またその効果的な導入や充実強化についての方策に関する情報は、極めて不足しているというのが実態です。

また必要性・重要性はわかっていたとしても、「余裕がない」などと言って福利厚生制度の充実強化に注力しない中小企業も少なからずありますが、大金を使わなくてもいい制度はたくさんあることをぜひ知ってほしいと思います。

本書はこうした中小企業の実態と、どんな制度があるのかを知りたいという要望を踏まえ、資本力に限界のある中小企業が実践している、社員とその家族が喜ぶであろう制度や、お金のかからない制度を一〇〇事例紹介するとともに、その効果的導入のポイントなどについて述べました。

序章　「社員のモチベーションを高める経営」とは？

日本には、個人・法人を合わせ、企業が四〇〇万社強存在しています。これら企業の分布を、その経営活動の成果でもある業績、つまり利益を上げることができたか否かでみると、その約七〇％は利益を計上することのできなかった赤字企業です。しかもこうした状況は、すでに一五年以上も続いているのです。

一九六〇年代当時の、いわゆる高度経済成長期には概ね三〇％前後であったので、いかに近年においては赤字企業が増えているかがわかります。

こうした、業績が長期にわたり低迷を続ける経営者や関係者の多くは、その主たる原因を「景気や政策」「業種・業態」「規模」「ロケーション」そして「大企業や大型店」の五つにあると言います。

つまり、問題の所在は外にあり、自分たちはその被害者であるような言い訳をするのです。

しかしながら、筆者は五つの原因が問題の本質とは全く思いません。

というのは、どんな時代でも、またどんな業種やどんなに小さな規模であっても、さらには、交通不便で商圏人口が少ない立地条件であっても、好業績を持続している企業が全国各地に多数存在していることを知っているからです。

筆者は過去四〇年以上にわたり、全国各地の七三〇〇社以上の企業の現場を訪問し、経営者インタビューや、その現場で実践されている経営学研究をしてきましたが、そのすばらしい経営に驚嘆・驚愕するような企業も多数ありました。

社員数が四〇名の企業でありながら、既に六七年も連続増収増益をしている企業、創業以来五〇年間、売上高経常利益率が五％以上の中小企業もありました。さらに言うと、既に六〇年以上、社員の数も全社員の給料も、一度も前年を下回ったことがないばかりか、転職的離職者が実質ゼロといった想像を絶するすばらしい中小企業もありました。

こうした現実を踏まえると、企業の業績は、既に述べた五つの要因や変化する外部環境が決めるのではなく、一社一社の企業の経営の考え方・進め方でいかようにでもなると言っていいのです。

好・不況、円高・円安といった外部環境の影響をほとんど受けず、長期にわたり好業績を持続している企業は、各種のデータから推計すると、およそ一割程度存在していると思われます。この数字は、筆者がこれまで訪問調査した約七三〇〇社の約七〇〇社、およそ一割の企業が過去一〇年以上、売上高経常利益率が五％以上であったことにも符合します。

こうした好業績を持続している企業の現場を訪れ、その実態を詳細に調べてみると、そこには驚くほど共通した経営学が実践されていることに気付きます。

その共通項は多々ありますが、最たる特長はそういう企業は例外なく「人本経営」、つまり人をトコトン大切にする経営を愚直一途に実践している点です。短期の業績や他社との勝ち負けなどより、企業に関係する全ての人々、とりわけ社員とその家族の幸せを最優先しているのです。つまり、「社員第一主義経営」「幸せ最優先経営」「大家族的経営」「誰をも犠牲にしない経営」「温もりのある経営」にこそ、最大の特長が見いだせるのです。

ですから、サービス残業や長時間残業など決して行わないばかりかリストラなどもありません。もとより、メンタルヘルス不調者もほとんどいませんので、人財（あえて「人財」としています）の流出といった問題も存在しません。

人、とりわけ社員とその家族の幸せを目的・追求した人本経営が、結果として企業の業績を高めることは、筆者らの長年の企業経営研究で明白です。

かつて筆者らは、二年間の歳月を費やし十数名の社会人大学院生や民間企業と共同し「社員のモチベーションと企業の業績に関する研究」を行いました。その結果は、『なぜこの会社はモチベーションが高いのか』（商業界・二〇〇九）というタイトルの本として世に問いました。その結論を一言でいうと、「社員のモチベーションが高い企業は、企業の業績もまた高く、逆に社員のモチベーションが低い企業は、企業の業績もまた低い」ということが明確になったのです。

調査した約六〇〇社のデータを、企業の業種・業態や規模、さらにはロケーション等と相関関係を求めましたが、その関係性は全くありませんでした。ですから、企業の業績を安定的に高めたいと思うならば、「社員のモチベーションを高める経営」の実践が最も近道ということになります。

こう言うと、読者の方々から少々疑問がわくかもしれません。それは、「企業の業績が高いからこそ余裕ができ、社員のモチベーションを高める経営が実践できているのではないか……」ということです。

その疑問は簡単に解けます。前述した調査データから、売上高経常利益率が一〇年以上連続して概ね一〇％以上を持続している企業を抽出し、その企業の社員のモチベーションのレベルとの関係性を見たのです。その結果は、モチベーションが高い企業あり、低い企業ありで企業ごとのばらつきが大きく、業績のレベルとモチベーションのレベルとの明確な相関は見いだせなかったのです。

一方、社員のモチベーションが他社と比較して「極めて高いと思う」と回答した企業を、全て抽出し、その企業の業績との相関を調べたところ、赤字基調企業は一社もなかったばかりか、回答した企業のすべてが、その売上高経常利益率が五％以上だったのです。そこには見事な相関が示されていたのです。

ですから業績を追求する企業の成果は大きくばらつきますが、社員のモチベーションを高めることを追求した企業経営をすれば、業績は間違いなく自然に高まるということなのです。

近年、福利厚生制度の充実強化に関心を持つ中小企業が増加傾向にあります。その内容は、法律で定められている健康保険や介護保険・厚生年金保険・雇用保険などといった、いわゆる法定福利に関するものではなく、法定外の独自の福利厚生制度の新設や充実強化です。

こうした動きには、二つの背景があると思います。その一つは、前述したように人本経営の中軸である、社員とその家族のための福利厚生制度が充実している企業の業績は安定的に高いということが、データで明確に示されているからです。

これは当然のことと思います。というのは、「自分や家族のために、ここまで、こんなことまで、やってくれているのか、思ってくれているのか」などと、属する組織に感動している社員であれば、いい仕事をし続けることにより組織に恩返しをしようと考えるのは当然の行動だからです。

逆に自分が、まるで組織の一つのコマとかコストのように扱われていると感じていたり、属する組織や上司に対して日常的に不平・不満・不信感を持っていたりしたら、その社員が組織や上司の業績を高めるため価値ある仕事をしようなどとは、到底思えないからです。

そして、もう一つの背景は、社員やこれから社会に出ようとする学生などの企業や労働に対する価値観が、近年大きく変化してきているからです。つまり、自分が働きたい企業に対するモノサシを、規模やブランド、さらには賃金などから、その企業の経営の考え方・進め方、とりわけ、人を大切にする正しい経営が行われているか否かに変えだしたからです。

こうした変化は当然のことと思います。規模やブランド力があり、賃金が高くても、長時間労働、サービス残業、さらにはパワハラやリストラがあり、社員やその家族を不幸にしている大企業・有名企業が、次から次に出てきているからです。

近年の福利厚生制度の新たな導入や既存の制度の充実強化の動きは、その内容において、二つの面でこれまでとは大きく異なります。

一つは、これまでの「社員個人」に対するものから、「社員だけでなくその家族」に対する福利厚生制度の充実強化の動きです。そしてもう一つは、社員を「企業の一員としての社員」というよりは「家族の一員としての社員」と評価・位置づけした動きです。詳細は後に触れますが、たとえば社員や家族のメモリアルデーやその絆・関係性を意識した制度の新たな導入や、既存の制度の充実強化です。

残念ながら、多くの中小企業は社員やその家族の心に染み入るような福利厚生制度の導入が、いかに結果として企業の業績を安定的に高めるか、という点に関する認識が未だ弱いと言わざるを得ません。

というのは、今回研究室で実施した調査結果を見ても、企業の八六%は、「法定福利以外独自の制度はほとんどない」と回答していますし、またそのための予算も「年間一人当たり五万円以下」という企業が、六七・七％にのぼることにも示されています。

そうした問題の背景には「経済的に余裕がない」ということもありますが、「どういう制度を、どこから導入していったらいいのかわからない」といった中小企業が多いことも事実です。

しかしながら、こうした課題解決なくして中小企業の安定的な成長発展は到底望みえません。繰り返し言いますが、社員とその家族を大切にしている企業ほど、とりわけ社員に優しい福利厚生制度が充実している企業ほど業績が高く、ぶれずに成長発展していることは明らかなのです。

ですから中小企業は好むと好まざるとにかかわらず、また経営面での余裕の如何を問わず、福利厚生制度の充実強化が、必要かつ重要なのです。

本書は、こうした現実と時代の求めに応えるため執筆しました。


第一章では「中小企業の福利厚生制度の現状」と題し、本書執筆のために実施したウエブ調査をもとに、中小企業の福利厚生制度の現状や課題などについて述べました。

第二章は、本書の要となりますが「社員と家族が飛び上がって喜ぶ福利厚生制度一〇〇」と題し、筆者や研究室に所属する社会人学生らがこれまで訪問調査した企業が実施しているユニークかつ社員に優しい福利厚生制度を、一〇〇事例紹介しました。

独自の福利厚生制度を多数導入している企業も多々ありましたが、本書では一社でも多くの企業を紹介したく、一社で最多でも二事例とさせていただきました。

なお、取り上げた事例の中には、読者が「これが福利厚生ですか」と首をひねられる事例があるかと思います。「福利厚生」の福利とはそもそも「幸福と利益」のことであるし、また厚生とは「豊かな生活」を意味しています。ですから、本書では「賃金など労働の対価以外の、社員とその家族の幸福・利益・生活などの向上に資する制度」と、あえて拡大解釈することにしました。これまでの伝統的な福利厚生制度に代わる、新たな指標として提示できたら幸いです。

第三章では、福利厚生制度の導入や運営にあたっての留意点を五点に絞り述べました。

第一章

中小企業の福利厚生制度の現状

本章では研究室で本書執筆のために実施したウェブ調査（回答者三〇〇名）から、現在の中小企業の福利厚生制度の現状と課題などについて述べます。

（1）現在実施している法定外福利厚生制度

現在、中小企業が導入している福利厚生制度で最も多いのが「飲み会・食事会などの親睦支援」の五八・八％でした。以下は「出産祝い金」の五四・九％、「人間ドックの補助」の四七・三％、「インフルエンザなど予防接種の補助」の三九・四％、「家賃補助、住宅取得支援」の三七・五％、そして「永年勤続表彰の祝い金」の三四・三％等が多くなっています。

一方、「がんと診断された社員への福利厚生や支援」や「障がいのある家族への支援」はともに三・二％、そして、「社員の家族の誕生日祝い・成人祝い・結婚祝いなどメモリアル祝い」も四・七％と低くなっていました。（図表1）

業績の高い企業と低い企業の福利厚生制度の違いをみるため、過去五年間、売上高営業利益率が五％以上の企業と一％以下&赤字基調の企業とで比較してみました。（図表2）

これをみると、高業績企業においては、大半の福利厚生制度の導入率が低業績企業と比較し勝っているのがよくわかります。とりわけ特徴的なのは、社員に優しい制度において、低業績企業のそれを大きく上回っている点です。

図表1　現在実施している福利厚生制度（複数回答）　n=277

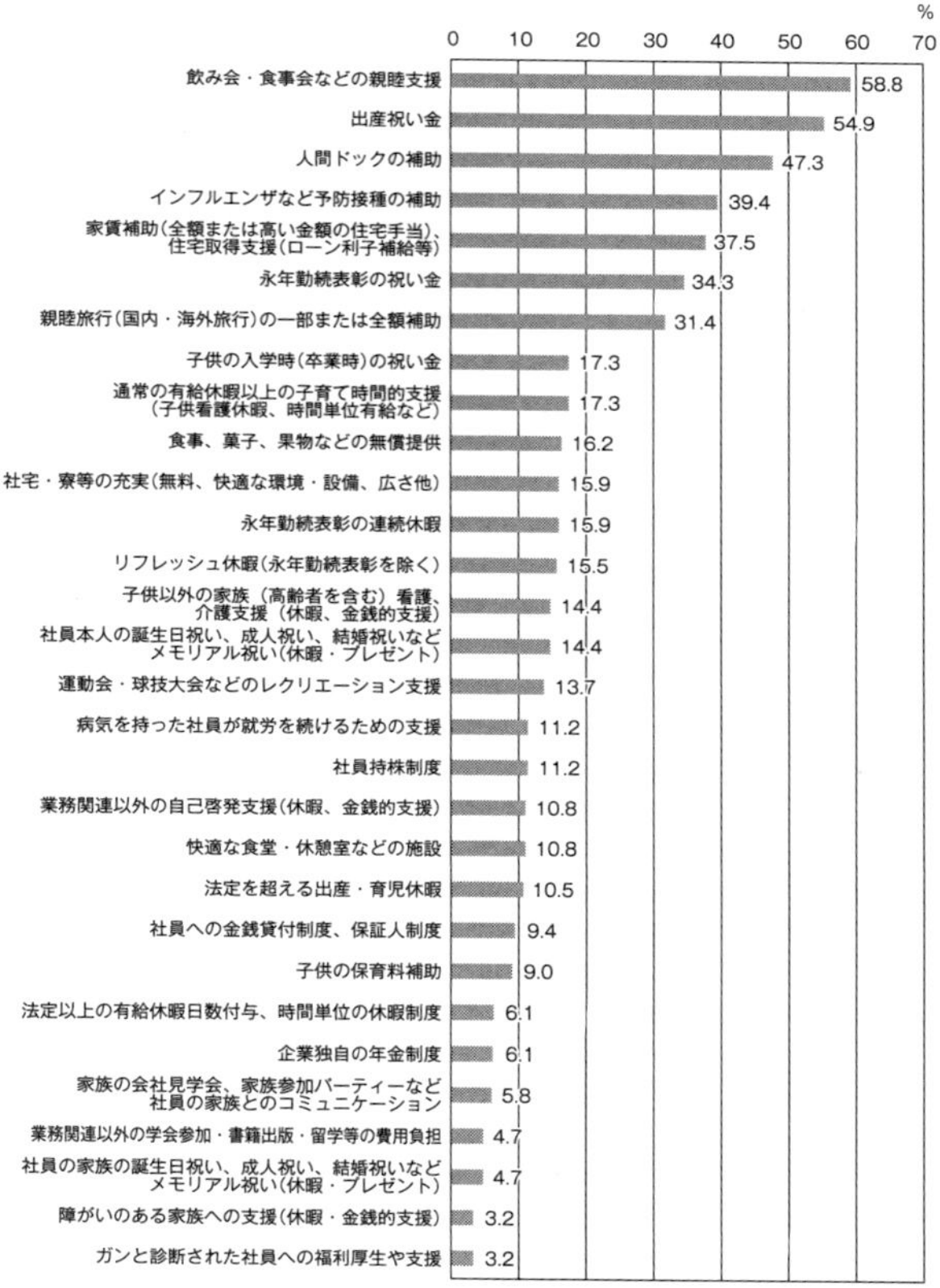
%
0
10
20
30
40
50
60
70
飲み会・食事会などの親睦支援 58.8
出産祝い金 54.9
人間ドックの補助 47.3
インフルエンザなど予防接種の補助 39.4
家賃補助（全額または高い金額の住宅手当）、住宅取得支援（ローン利子補給等） 37.5
永年勤続表彰の祝い金 34.3
親睦旅行（国内・海外旅行）の一部または全額補助 31.4
子供の入学時（卒業時）の祝い金 17.3
通常の有給休暇以上の子育て時間的支援（子供看護休暇、時間単位有給など） 17.3
食事、菓子、果物などの無償提供 16.2
社宅・寮等の充実（無料、快適な環境・設備、広さ他） 15.9
永年勤続表彰の連続休暇 15.9
リフレッシュ休暇（永年勤続表彰を除く） 15.5
子供以外の家族（高齢者を含む）看護、介護支援（休暇、金銭的支援） 14.4
社員本人の誕生日祝い、成人祝い、結婚祝いなどメモリアル祝い（休暇・プレゼント） 14.4
運動会・球技大会などのレクリエーション支援 13.7
病気を持った社員が就労を続けるための支援 11.2
社員持株制度 11.2
業務関連以外の自己啓発支援（休暇、金銭的支援） 10.8
快適な食堂・休憩室などの施設 10.8
法定を超える出産・育児休暇 10.5
社員への金銭貸付制度、保証人制度 9.4
子供の保育料補助 9.0
法定以上の有給休暇日数付与、時間単位の休暇制度 6.1
企業独自の年金制度 6.1
家族の会社見学会、家族参加パーティーなど社員の家族とのコミュニケーション 5.8
業務関連以外の学会参加・書籍出版・留学等の費用負担 4.7
社員の家族の誕生日祝い、成人祝い、結婚祝いなどメモリアル祝い（休暇・プレゼント） 4.7
障がいのある家族への支援（休暇・金銭的支援） 3.2
ガンと診断された社員への福利厚生や支援 3.2

図表２　現在実施している福利厚生制度（営業利益率の高低比較）　n=211

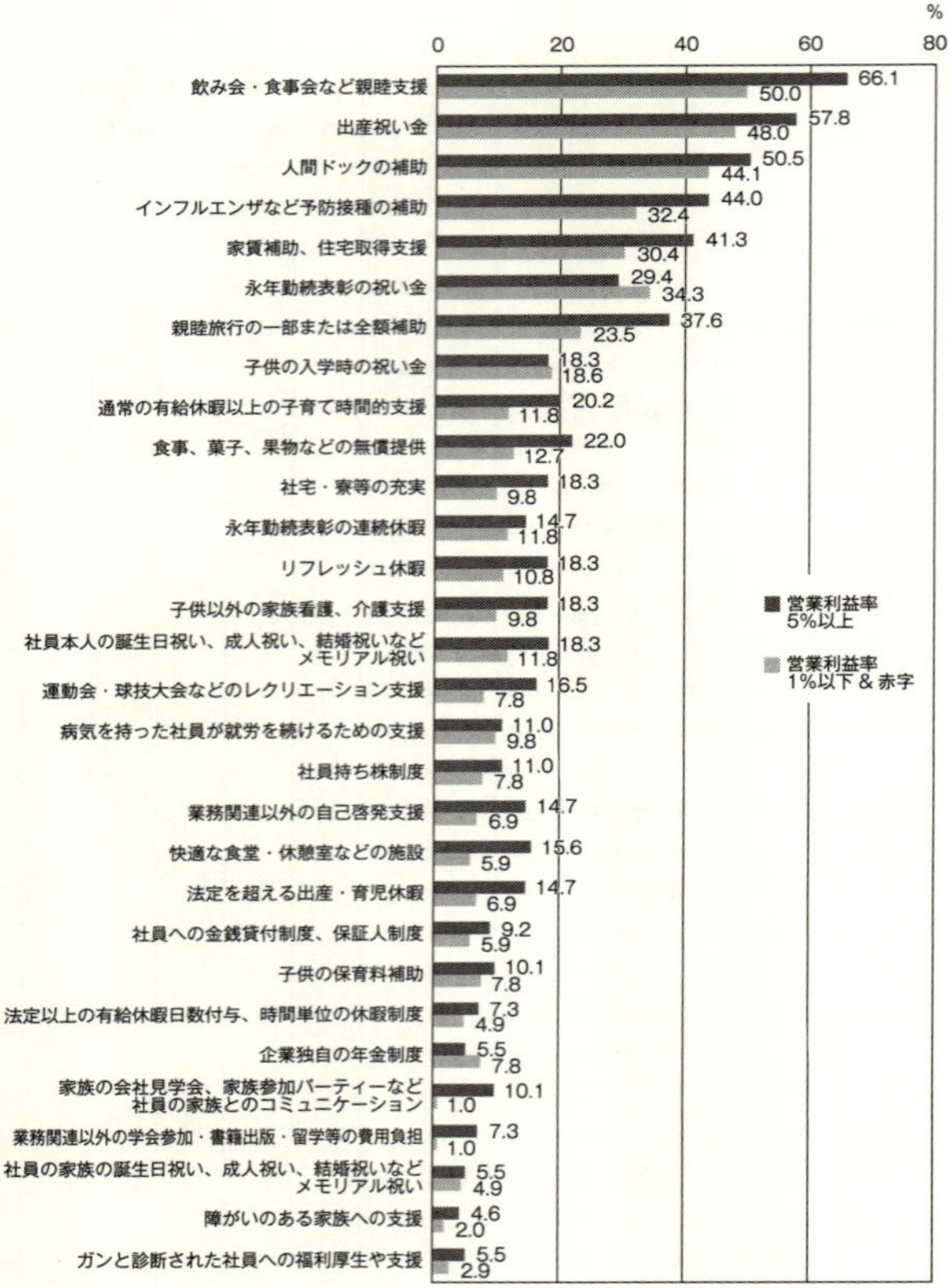
%
0
20
40
60
80
飲み会・食事会など親睦支援 66.1 50.0
出産祝い金 57.8 48.0
人間ドックの補助 50.5 44.1
インフルエンザなど予防接種の補助 44.0 32.4
家賃補助、住宅取得支援 41.3 30.4
永年勤続表彰の祝い金 29.4 34.3
親睦旅行の一部または全額補助 37.6 23.5
子供の入学時の祝い金 18.3 18.6
通常の有給休暇以上の子育て時間的支援 20.2 11.8
食事、菓子、果物などの無償提供 22.0 12.7
社宅・寮等の充実 18.3 9.8
永年勤続表彰の連続休暇 14.7 11.8
リフレッシュ休暇 18.3 10.8
子供以外の家族看護、介護支援 18.3 9.8
社員本人の誕生日祝い、成人祝い、結婚祝いなどメモリアル祝い 18.3 11.8
運動会・球技大会などのレクリエーション支援 16.5 7.8
病気を持った社員が就労を続けるための支援 11.0 9.8
社員持ち株制度 11.0 7.8
業務関連以外の自己啓発支援 14.7 6.9
快適な食堂・休憩室などの施設 15.6 5.9
法定を超える出産・育児休暇 14.7 6.9
社員への金銭貸付制度、保証人制度 9.2 5.9
子供の保育料補助 10.1 7.8
法定以上の有給休暇日数付与、時間単位の休暇制度 7.3 4.9
企業独自の年金制度 5.5 7.8
家族の会社見学会、家族参加パーティーなど社員の家族とのコミュニケーション 10.1 1.0
業務関連以外の学会参加・書籍出版・留学等の費用負担 7.3 1.0
社員の家族の誕生日祝い、成人祝い、結婚祝いなどメモリアル祝い 5.5 4.9
障がいのある家族への支援 4.6 2.0
ガンと診断された社員への福利厚生や支援 5.5 2.9
営業利益率5%以上
営業利益率1%以下＆赤字

図表3　今後の福利厚生制度の考え　n=300

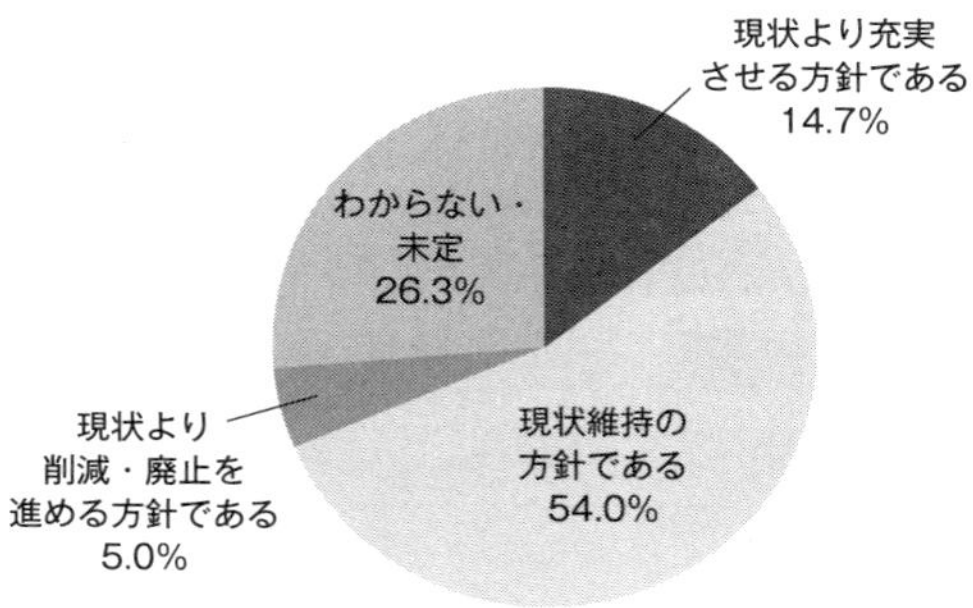

（2）今後の方向と目的

今後の福利厚生制度をより充実強化させるか、削減・縮小させるかについては、「現状維持の方針である」が五四・〇％と最も多く、以下「わからない・未定」が二六・三％、「現状より充実させる方針である」が一四・七％でした。逆に「現状より削減・廃止を進める方針である」は、わずか五・〇％に過ぎませんでした。（図表3）

これを売上高営業利益率のレベルでみると、大きな特徴が示されています。つまり、それが五％以上の高業績企業においては、「現状より今後はより充実強化したい」が二二・八％あるのに対し、それが一％以下&赤字基調の低業績企業においては六・一％に低下しています。（図表4）

つまり、高業績企業は、好、不況や円高、円安など外部環境の変化に関係なく、いつの時代も社員とその家族のためになる福利厚生制度に関心が高く、常にその充実強化を

図表４　今後の福利厚生制度の考え
（営業利益率の水準別比較）　n=300

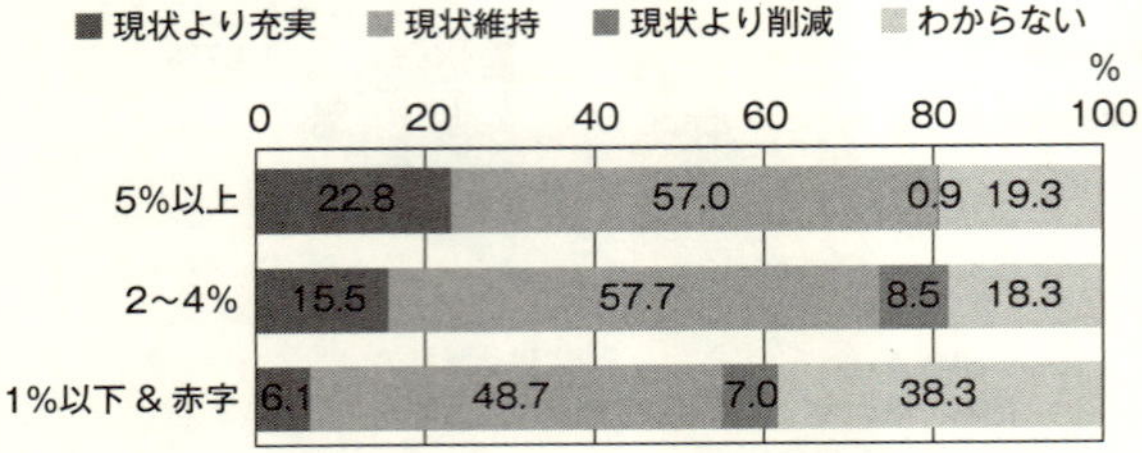

志向しているといえます。

逆に言えば、低業績企業においては、そもそも福利厚生制度に対する関心が弱いだけでなく、業績低下もあるとはいえ年々それを削減・縮小しているのです。

ところで福利厚生制度を「現状より今後は充実強化したい」と回答した企業にその理由を聞くと、「企業の使命として、従業員やその家族の幸福度を高めるために役立つ」と「従業員のモチベーション向上により業績向上につながることが期待できる」が、ともに七九・五％と高く、次いで「従業員の定着率向上が期待できる」が五二・三％でした。（図表５）

（３）今後新たに実施したい制度

中小企業が今後新たに実施したい福利厚生制度をみると、最も多いのは「人間ドックの補助」と「病気を持った社員が就労を続けるための支援」がともに二五・二％、以下は「リフレッシュ休暇」の二三・八％、「がんと診断された社員への支援」

図表５　現状より充実させる方針の理由（複数回答）　n=44

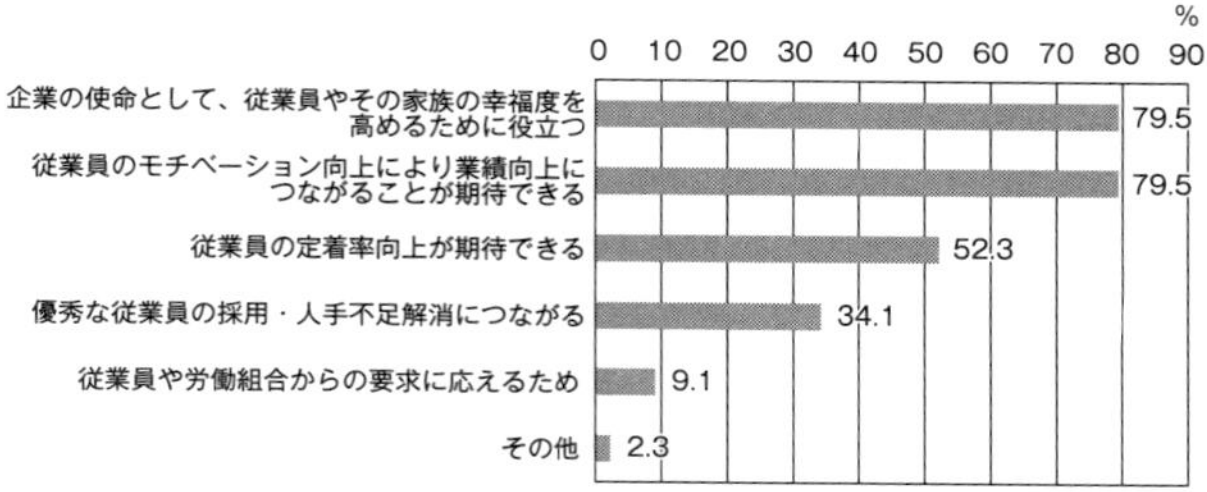

の二一・八％、そして「家賃補助・住宅取得支援」の一九・七％などと続いています。（図表６）

これを売上高営業利益率五％以上の企業と、一％以下・赤字基調の企業とで比較してみると、高業績企業においては、生活支援・家族支援・個人支援を一段と重視する傾向が明白です。（図表７）

（４）運営上の課題

多くの中小企業の現状は厳しいものがあります。今回の調査で課題を聞いたところ、「経済的に余裕がない」が最も多く五四・三％であり、以下「専任の担当者がいない」が三六・七％、「効果的な導入方法がわからない」が二六・三％、そして「どんな制度を導入していいかわからない」が二〇・七％と続いていました。（図表８）

これらいずれも中小企業の限界を超えた課題とは思えません。いずれも解決可能と言えます。

図表6　新たに実施したい福利厚生制度（複数回答）　n=147

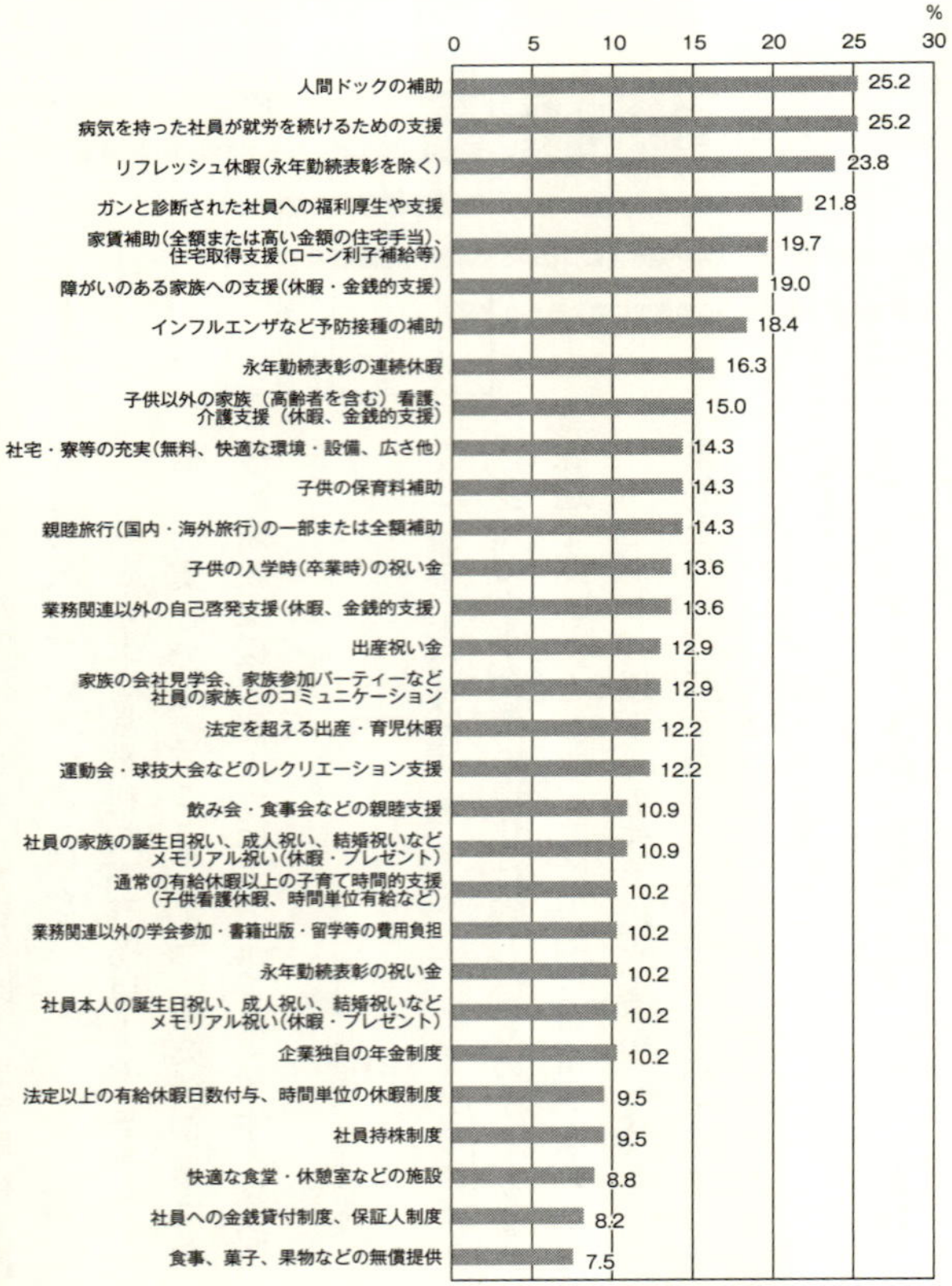
%
0
5
10
15
20
25
30
人間ドックの補助 25.2
病気を持った社員が就労を続けるための支援 25.2
リフレッシュ休暇（永年勤続表彰を除く） 23.8
ガンと診断された社員への福利厚生や支援 21.8
家賃補助（全額または高い金額の住宅手当）、住宅取得支援（ローン利子補給等） 19.7
障がいのある家族への支援（休暇・金銭的支援） 19.0
インフルエンザなど予防接種の補助 18.4
永年勤続表彰の連続休暇 16.3
子供以外の家族（高齢者を含む）看護、介護支援（休暇、金銭的支援） 15.0
社宅・寮等の充実（無料、快適な環境・設備、広さ他） 14.3
子供の保育料補助 14.3
親睦旅行（国内・海外旅行）の一部または全額補助 14.3
子供の入学時（卒業時）の祝い金 13.6
業務関連以外の自己啓発支援（休暇、金銭的支援） 13.6
出産祝い金 12.9
家族の会社見学会、家族参加パーティーなど社員の家族とのコミュニケーション 12.9
法定を超える出産・育児休暇 12.2
運動会・球技大会などのレクリエーション支援 12.2
飲み会・食事会などの親睦支援 10.9
社員の家族の誕生日祝い、成人祝い、結婚祝いなどメモリアル祝い（休暇・プレゼント） 10.9
通常の有給休暇以上の子育て時間的支援（子供看護休暇、時間単位有給など） 10.2
業務関連以外の学会参加・書籍出版・留学等の費用負担 10.2
永年勤続表彰の祝い金 10.2
社員本人の誕生日祝い、成人祝い、結婚祝いなどメモリアル祝い（休暇・プレゼント） 10.2
企業独自の年金制度 10.2
法定以上の有給休暇日数付与、時間単位の休暇制度 9.5
社員持株制度 9.5
快適な食堂・休憩室などの施設 8.8
社員への金銭貸付制度、保証人制度 8.2
食事、菓子、果物などの無償提供 7.5

図表7　新たに実施したい福利厚生制度（営業利益率の高低比較）　n=112

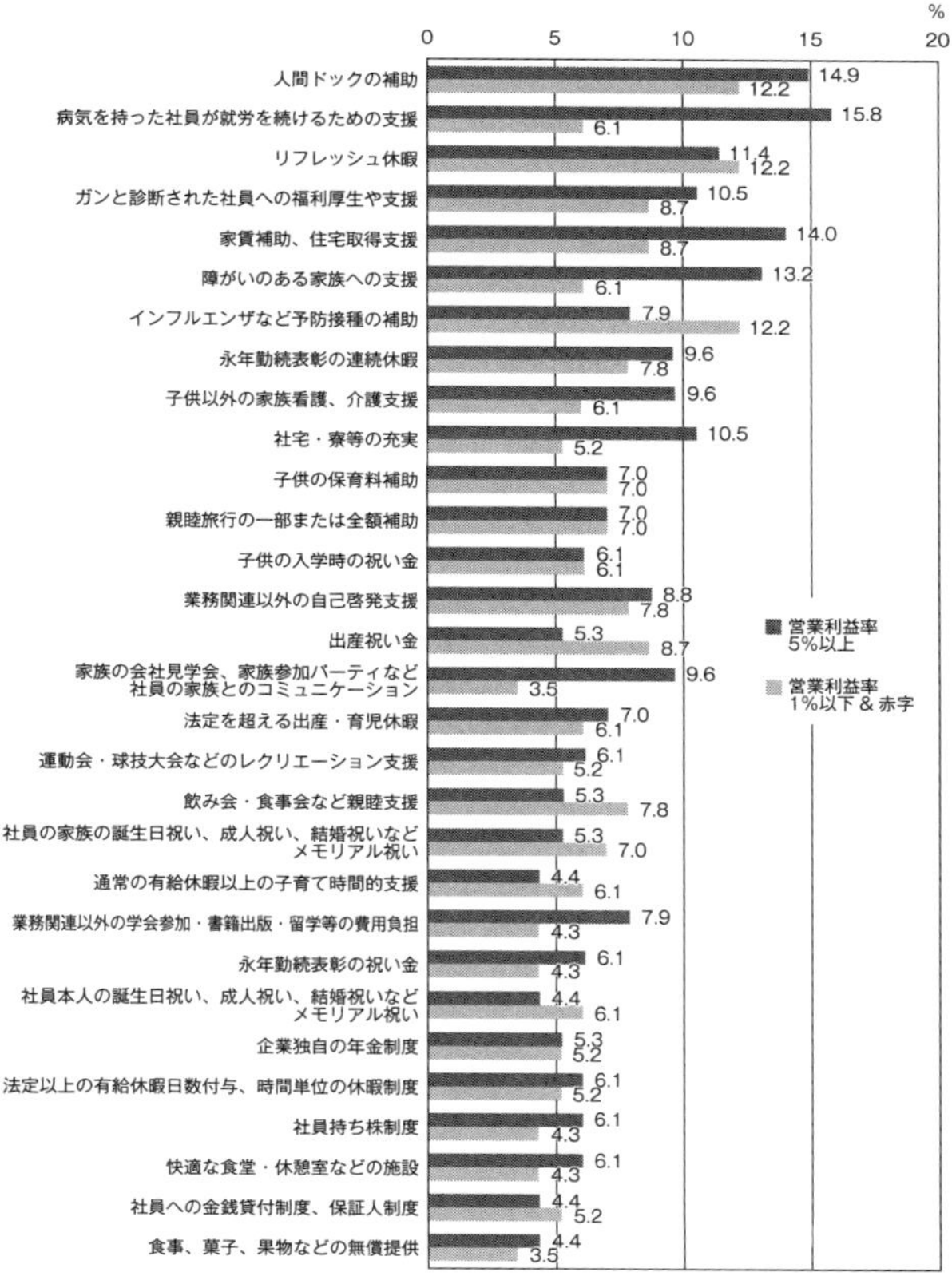

図表8　福利厚生制度の運営上の課題（複数回答）　n=300

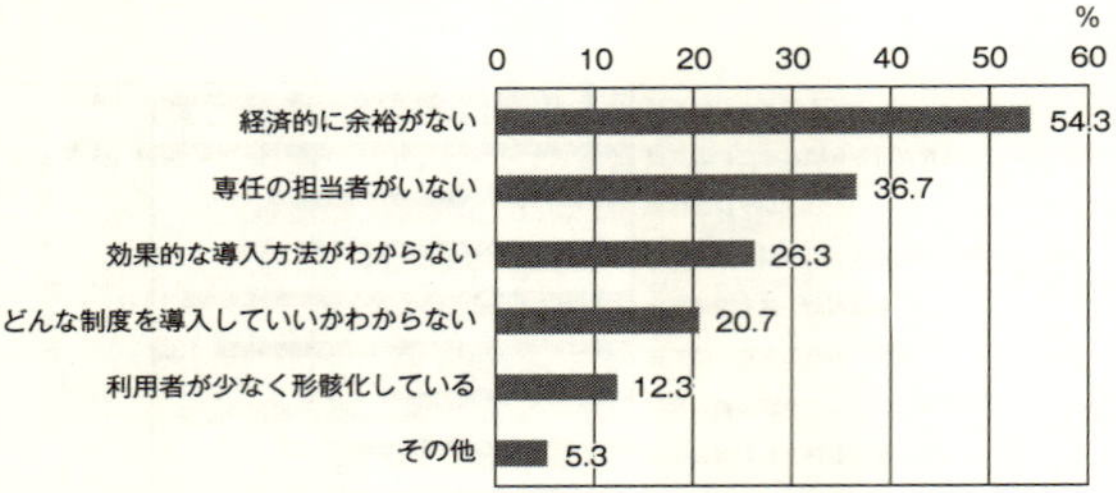

近年において、社員やその家族が求める福利厚生制度は金銭やモノというより独自の工夫された制度が多いからです。

（5）行政や大学等に対する要望・意見

中小企業が抱える福利厚生制度実施上の課題解決のため、行政や大学などの役割も重要です。というのは、地域経済の主役であり地域社会の圧倒的多数派は中小企業であり、その衰退は、地域経済・地域社会の衰退を招いてしまうからです。

中小企業に行政や大学等に対する福利厚生制度実施面での要望・意見を聞くと、「福利厚生に関する税制的な特典」が五三・〇％と最も多く、以下、「事例集の発行」の三八・七％、「制度導入に関する助成金や低利長期の融資制度の創設」の三五・〇％、そして「福利厚生事例等に関する講習会等の開催」の二七・三％と続いています。（図表9）

これまで国や地方自治体は、主として企業の生産活動面や販売活動面を重視してきましたが、これからは福利厚生制度面での支

図表９　行政や大学等に対する要望・意見（複数回答）　n=300

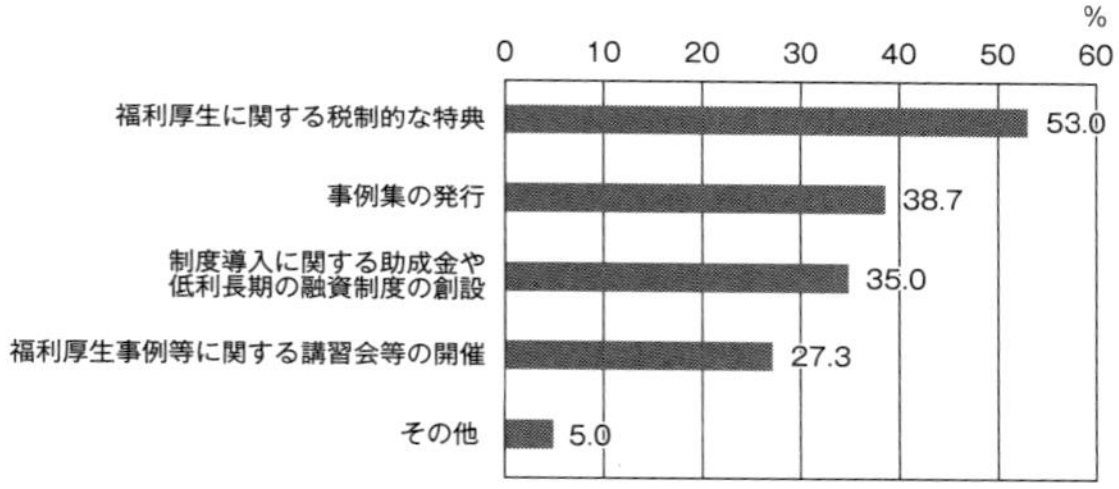

援がより重要と思われます。

こうした支援は大学などにおいても同様です。とかく研究が遅れている福利厚生の面での、新たな知見の創造と中小企業への提供が強く求められていると言えます。

第二章

社員と家族が飛び上がって喜ぶ福利厚生制度一〇〇

【子育て】

三〇〇万円の出産祝い金を支給

多くの企業では、自社の社員やその配偶者が出産した場合、企業や企業の親睦組織から出産祝い金が贈られます。贈られる金額の相場は、おおむね数万円といったところです。

こうした中、水戸市に本店を構える茨城県信用組合（茨城）では、第一子のお祝い金として二〇万円を贈っています。これでも相当高額ですが、第三子になると一〇〇万円、第四子では二〇〇万円そして第五子以降は何と三〇〇万円を、全職員が集まる年一回の全店大会で花束とともに贈ることにしています。同組合は一九五〇年設立、茨城県全域に支店を有し、職員数は約一四〇〇名と全国最大規模の信用組合です。

この高額な出産祝い金制度は、二〇〇六年に第三子の一〇〇万円からスタートし、徐々に拡充してきました。導入のきっかけは、組合内で子育て支援策を検討していたとき、月に五〇〇〇円の手当を仮に二〇年間支給するとしたら一二〇万円になるが、それなら出産時に一〇〇万円支給したほうが社員に喜ばれるのではないか、という当時の理事長、幡谷さんの発案でした。

●大きなマイカーを買えた！

この制度を制定して以来の支給実績は、第三子の一〇〇万円が三九名、第四子の二〇〇万円が五名、第五子の三〇〇万円が一名となっています。組合内で唯一、第三子の一〇〇万円から第五子の三〇〇万円まで受け取った竹内さんは、二〇〇六年に第三子のお祝い金を贈呈される様子がNHKで全国に放送され、親戚に大変驚かれたと話してくれました。また、お祝い金は、基本的には子供たちの将来に備えて貯蓄していることですが、子供が増えて当時のマイカーに家族全員で乗れなくなってしまった時に、大きな車に買い替えることができたそうです。

●女子学生の受験数が増加

二〇一三年には、初産で双子が生まれた場合には二〇〇万円、という規定を追加するなど、出産祝い金制度の内容はますます充実しています。

制度を制定してから、一般職を希望する女子学生の受験数が増加、優秀な人材が多く集まってくるようになりました。また、出産をきっかけとした退職も減少し、産休を取る社員が増えたそうです。資金負担や人事面でのやりくりは大変ですが、能力の高い人材の引き止めに有効なこと、日本で少子化対応が求められる中、企業としての社会的責任と考え、今後も子育て支援全般に積極的に取り組んでいく方針です。

【子育て】

病児のためのベビーシッターを会社で契約

ランクアップ（東京・八二頁参照）という、オリジナルのクレンジング商品を売る化粧品会社があります。女性がためらいなく結婚して子育てができる企業をつくりたいと、岩崎裕美子さんという女性が創業しました。とてもよく働く会社員だった岩崎さんは、ハードワークを厭わず、長時間労働をしていました。やがて結婚し、子供も授かりたいとご自身の人生を展望しますが当時の状況では望むべくもなく、上司に相談しても埒が明きません。ならば、社員が子育てをしながら仕事ができる、残業しなくてもいい企業を自分でつくろうと二〇〇五年に同社を立ち上げました。

試行錯誤の結果生み出した、オリジナルブランドのクレンジング商品は年々ファンが増え続け、創業以来ずっと増収で、直近では売上高約七〇億円で利益率も優れた会社に育て上げています。

●三〇〇円の負担で何度でも利用できる

同社ではベビーシッターの活用促進と、その経費負担をしています。小さな子供は高熱を出してしまうことがままあり、ひどい時は親が付き添って看病する必要があります。しかし、少し熱が下がってきたのに保育所が預かってくれず、何日も仕事を休まなければならないという事態もあります。そんな時に病児のためのベビーシッターを頼めたら、安心して社員が出社できると考えたのです。ベビーシッターの利用料は一日当たりかなりの高額となりますが、社員は三〇〇〇円の負担で何度でも利用できます。また、キャンセルした場合の費用も企業が全額負担するので安心です。

●社員の出産率は五〇%、復職率は一〇〇%

これまでに子育て中の社員の半数が、ベビーシッターを利用しています。同社で働く四三名の社員はほとんどが女性ですが、こうした安心のサポートの効果で社員の出産率は現在五〇%となっています。復職率一〇〇%ですから、約半数の社員が子育てをしながら仕事をしているワーキングマザーです。

【子育て】

学校や保育園が休みの日は、「子供同伴出勤」

「子供同伴出勤」とは、いったい何でしょうか。大企業や病院などにある企業内保育所などのことではありません。高齢者専用住宅（老人ホーム）や薬局を運営する高村（島根）の子供同伴出勤制度は、保育園年長者から中学生までが、親の職場で、利用者である高齢者や社員とともに過ごすことができるという制度です。

この制度は、ある社員が保育園が休園の日にやむなく子供同伴で出社したことを受けて、二〇一二年に導入されました。子育て中の社員にとって、学校や保育園が休みになる土日祝祭日の出勤は子育てと仕事の板挟みとなって強いストレスが生じます。同社の老人ホームにおいても土日祝祭日は休みの希望者が多く、勤務シフト作成がたいへん困難でした。そんな状況の解消と子育て中の社員の働きやすさのために、本制度を導入したのです。

高村は、一九九五年設立、社員数七五名の企業です。同社では、他にも幼い子供のいる社員の夜勤が少なくなるような配慮をするなど、生涯働ける職場を目指しています。

●「子供ボランティア」で、教育効果もあり入社二年目のAさんも子供同伴出勤制度を利用していますが、その理由は三つあると言います。一つ目は、学校が休みの日に子供を一人にするのが不安だからです。二つ目は、子供の教育のためです。この制度を利用する子供は、「子供ボランティア」として施設の清掃と利用者である老人との談話が義務づけられています。三つ目は、施設利用者が子供と遊ぶのをなにより楽しみにしているからです。

Aさんは、「仕事は大変ですが、社員を大切にしていると感じられる良い職場です。今後もこの職場で仕事を続けたい」と生き生きと話していました。

●老人の生きる喜びにもつながる

この制度は、子育て支援と土日祝祭日の適切な出勤シフトの確保を目的に導入しましたが、目的以上の効果が見られます。それは、老人ホームの利用者が子供を世話する楽しさや役割をもつことで、生きる喜びや意欲につながっていることです。さらに、就職希望者の反応が良くなり、優秀な社員採用が見込めるようになりました。そして何より良かったのは、施設全体が家庭的な雰囲気に変化し良い職場環境が醸成されるようになったことです。

【子育て】
オフィスに授乳室を設置

全国で約八〇〇店舗を展開する不動産のエイブルでは、毎年全店舗を対象に顧客満足度アンケート評価を行っています。そんな中、七年間にわたり一位を獲得している加盟店がファースト・コラボレーション（高知）です。さらに、個人部門でも二〇〇六年度以降、常にトップテン入りしており、その受賞社員すべてが女性というのも驚きです。二〇一五年には「第五回日本でいちばん大切にしたい会社大賞審査委員長特別賞」も受賞し、まさに女性の活躍が目立つ活気溢れる企業です。

その活気の源は何でしょうか。それは、子育てしながら仕事をする女性たちへの企業をあげてのサポート体制と、二〇〇二年の設立当初から社員を家族のように大切にする社長の姿勢、企業の主役は社員という「逆ピラミッド」体制が大きなポイントになっています。

●「授乳中！」と扉に張り紙

子供が生まれて育児をしながら仕事をしていくのは、社員にとってかなりパワーがいることです。武樋社長は一人で頑張ろうとする社員をみて、福利厚生という枠にとどまらず、家族として応援していきたいと考えました。

社長は、社員の赤ちゃんや子供が職場にいても、「困ることは何もないと思います」と言います。本人が仕事をしている間は、男女問わず他の社員がお世話をしています。独身社員にとっては新鮮な経験となり、また子育てを終えた世代の社員にとっては懐かしくもあり良きアドバイザーにもなれます。二〇名の社員全員が家族のように助け合って仕事を進めています。

授乳期間に復職した社員のためには授乳室が設置されます。といっても特別に常設するのではなく、「授乳中！」と扉に張り紙をするだけ。そんな肩肘張らない、自然な雰囲気が同社にはあり、まさに家族のようです。そんな企業に見守られて成長した子供は、やっぱりこの会社が大好きになるようです。

●乳幼児親子教室も開設したい

女性社員にとって働きやすい環境から元気で明るい職場が生まれ、優秀な人財が続々と集まっています。これこそが幸せのスパイラルです。「社員がパートナーというより、自分自身がパートナーとなりえているかどうか」を常に考え続ける社長は、さらに乳幼児親子教室も開設し、育児の悩み解決や社員の子供の将来の可能性を広げたいと考えています。

【子育て】
企業内保育園の設置

企業の中に保育園を設置し、小さな子供を持つ社員が安心して働ける企業があります。一八七二年創業のたねや（滋賀）です。和菓子や洋菓子の製造販売から喫茶や食事までを一貫して行うお菓子メーカーで、現在の社員数は九五六名（正社員）です。

同社は二〇〇四年、本社と製造工場がある滋賀県愛知郡の敷地内に「おにぎり保育園」を開園しました。定員は四〇名で、ほぼ定員数近くを預かっています。

●子供たち自身が野菜を育てる

園庭と菜園を有する保育園は、総敷地面積一五一二平方メートル。園舎は木がふんだんに使われ、吹き抜けのメインホールには太陽の光が差し込みます。菜園で子供たちが育て収穫した野菜は、園舎の中央にあるオープンキッチンで食事やおやつとして調理され、食べることができます。野菜を育てることで植物の生命を感じ、自然のありがたさを知るのです。また、同社で販売される季節ごとのお菓子を食べながら「どうして今日はカボチャを食べる日なのかな」「桜餅が出たから、桜がもうすぐ咲くね」などと季節を伝えることもできます。

また、保育士の数も一般の保育園以上の保育体制を敷いています。

●もう一つ保育園をつくりたい

同社の社員の七〇%は女性です。女性社員が長く働きやすい場所をつくることで、その力を最大限に活かしてもらうことができます。また、「おにぎり保育園」の子供たちが成長して、次世代の担い手となってくれるかもしれないという期待や、地域に根差した人材をつくることへもつなげたいと考えています。

二〇一五年には、工房、ショップ、カフェ、農園を併設した複合エリアをオープン、二〇一六年には本社移転を控え、地域と共存し人々が集うつながりの場、自然に学ぶことができる情報発信の拠点としても大きな意味を持たせたいと思っています。今後は、この敷地内にも保育園をつくろうと検討しています。

【子育て】

いつでも子連れ出勤可能

福祉と農業の融合ビジネスを展開しているパーソナルアシスタント青空（愛媛）は、介護される人へ高いレベルのサービスを提供しています。同時に、介護する人の心と身体のケアに力を入れています。障がい児デイサービスでは、日々苦労をしている保護者であるお母さんやお父さんたちにとことん寄り添い、働く時間や心のゆとりをつくり出すサービスを提供しています。

同社の農業事業では、自然栽培にこだわり、障がいのあるスタッフの力を借りて育てた安心・安全な農作物を地域社会に提供していますが、二〇一五年からは「社員へ良い食事を提供したい」と社員の健康にも配慮し、自然栽培の野菜でつくるお弁当を提供しています。

そんな同社が実施しているのが、子供を連れて出社することができるというユニークな制度です。

●職場が託児施設として使える

たとえば、保育園の終了時間までに自分の仕事が終わらない場合には、業務を中断して迎えに行き、その子を連れて会社に戻り、職場であるデイサービス施設に預けることができます。仕事をしながらも近くで子供を遊ばせておけるので、親も子も安心です。

職場を託児施設のように使えて費用はゼロ、台風などで登園しない日は朝から親子で出社することができます。授業参観日には参観後に出勤することも可能で、ときどき子連れ出勤をするTさんは「この制度のおかげでワーク・ライフ・バランスのとれた生き方ができます」と語ってくれました。

●子供たちの声が、社員のやる気につながる

勤務時間内外で、安心して子育てできる体制は、社員の働きやすさを大幅に向上させます。また、子供たちの元気な声は、多くの社員に元気とやる気を与えてくれています。

佐伯社長は「スタッフ皆喜んでくれているので、今後も続けていきたい」と語り、社員の子供を会社で育てる大家族的な経営を目指しています。

【子育て】

在宅勤務制度を導入

人生には節目となる出来事や、思いもよらないことがいろいろとあります。結婚、出産、その後の子育て、病気、介護などの理由で定年を前に職場を去らなければならないこともあります。

働きたいけれど、職場に毎日通うことは難しい、そういった社員が働き続けられる在宅勤務制度を構築したのがエス・ピー・アイ（東京）です。

一九九一年に設立された同社の事業内容は、高齢や障がいによって外出が困難になった方々の「行きたい、訪ねたい、出かけたい」の思いを具現化するトラベルヘルパーの人財サービス事業と介護旅行サービス、地域事業化支援やコンテンツの提供等のコンサルティング業務等です。同社の介護旅行は好評で、「人生最後の旅行のつもりが、最初の介護旅行になった」と利用した人に言われるほどです。

篠塚社長を含めた五名が事務所で企画・管理業務を行い、在宅勤務のスタッフは六名、東京、群馬、静岡などで働いています。また、九拠点あるトラベルヘルパーセンターには七五〇名が登録しています。

●自宅で子供を見ながらクラウドシステムで仕事

女性が主力となっている同社では、結婚や出産は当たり前にやってきます。そこで退職するのではなく、働き続けるという選択が迷うことなくできるのです。

同社で働くHさんは育児の真っ最中です。職場でなくてもインターネットさえつながれば、クラウド上のシステムから仕事ができます。自宅で子供の様子を見ながら元気に働いています。退職によってスキルダウンすることもないため、第一線での活躍を続けることができます。

●知識のある人財が失われない

高齢者や障がい者が出かけたいと思っても無理だと諦めてしまう現実の中、大手企業ができないサービスを確立したのが同社です。働く社員の半数がこの在宅勤務制度を使っており、そのため中途退職者が少なく、旅行の知識と介護の知識を持った人財を失わないからこそ、七〇%のリピート率を生み出す介護旅行業者としての高い地位を築くことができているのです。

在宅勤務制度は働く社員の幸せにもつながり、同時に介護旅行で願いをかなえたい高齢者や障がい者の幸せにもつながっているのです。

【子育て】
出産後も働きやすい環境を整備

妊娠中の体調変化による虫歯や歯周病のケアを伝える小冊子を作って啓蒙したり、育児中の母親が受診しやすくするため保育士のいるキッズルームを完備するなど、女性に優しい職場作りに注力しているのが竹屋町森歯科クリニック（京都）です。

同クリニックは、女性スタッフプロジェクトという、妊娠、出産をしても働く環境を整えるための仕組みがあり、女性スタッフに手厚い対応をしています。

●余剰人員を雇って、休暇中の社員の仕事をサポート

同クリニックでは、女性スタッフへのアンケートの結果「全員が出産後もクリニックで働きたい」ことを知り、急に休んだ時に対応できるよう余剰人員を雇い、通常午後七時の退勤時間を子育て中は五時退勤としました。

他にも、「妊婦健診による遅刻早退は定時退社扱い」「子供の体調不良による欠勤、遅刻、早退は出勤扱い」「子供を預かってくれるおばあちゃんに一人あたり毎月五〇〇〇円の手当を支給する」など多くの制度が実現しました。今では二七名の歯科衛生士や受付スタッフのうち子

供を持つ一六名中六名が出産・育児の休暇中ですが、残りのスタッフが仕事をサポートしています。

●患者数が三倍に増加

余剰人員を配置することや退勤時間を午後五時にするなど、いずれも売上や利益の低下につながりかねない決断でしたが、五年をかけて改革を進めた結果、患者数が減るどころか三倍に増えるというすばらしい成果につながっています。

子育てしながらでも仕事を続けられるということが先輩スタッフを見ていてイメージできるようになると、長期的な展望で仕事のキャリアを考え、すると自然に「ここが自分の職場だ」という愛着が湧いてきて、自ら積極的にさまざまなスキルアップに挑戦するようになります。

また、同社では出産後も八七％の歯科衛生士が復職し、さらにブランクの長い歯科衛生士も積極的に採用することにより人材不足とは無縁です。

森院長自身が「女性の力はすごい」「女性には無限の可能性がある」と本気で信じるからこその効果です。

【メモリアル】

家族の誕生日や命日などに特別休暇

社員が心身ともに健康な状態で仕事を行うためには、日ごろの家族の支えが必要です。そして、社員が健康でなければ企業の安定もありません。エイト（東京・七二頁参照）は、社員が家族との絆を深められる、福利厚生制度をつくりました。「両親、妻、子供の誕生日」そして「両親・配偶者等の命日」などに、法定有給休暇とは別に特別休暇を付与する制度です。

同社の主な事業は、不動産事業、建物総合管理事業、建築・土木・造園工事事業そしてマンション管理事業です。社員数は七四九名、創業は一九八八年です。白柳社長は、日本で一番「ありがとう」を集め、社員が朝起きたらすぐに出社したくなる企業をつくろうという熱い情熱をもっています。

●母の誕生日にゆっくり話をしながら食事ができた

社員は毎年、家族の誕生日や命日などを書いた特別休暇申請書を総務部へ提出します。総務部は、全社員の特別休暇日を整理し、「Aさんのお母さんの命日」「Bさんのお子さんの誕生日」のように記載されたカレンダーをつくります。このカレンダーは、同社が毎年つくる経営計画書（社員手帳）に組み込まれ、全社員に配布されます。同社では、特別休暇の一〇〇％消化へ向けてさまざまな取り組みを行った結果、現在では全社員が特別休暇を取得するようになりました。

白柳社長の信念は「家族を大切にする」です。そのため社員に、家族にとって重要な日には休暇を取り家族と一緒に祝う、または、家族の命日には亡くなった方や先祖に感謝することで、両親や配偶者、子供の三世代間の絆を深めることを推奨しているのです。

両親が離婚し、母と二人三脚で頑張ってきたCさんは母の誕生日に休暇を取り、自身の仕事の話や母の昔話などを聞きながら楽しく食事をします。彼女は、「最近母の背中が小さく見え始め、若い頃に問題を起こして苦労をかけたのではないかと反省し、これからは精一杯の親孝行をして自分が母を支えていく番だと考えています」と話してくれました。

●家族の絆が強く深くなった

「大切な家族の重要な日に休暇を取り家族と一緒に過ごすことによって、家族の絆が深く強くなります。社員が皆喜んでくれているので、この制度は今後も継続していきたい」と白柳社長は語ります。今後は、内定者のご先祖様に供養の品を贈ることも考えています。

【メモリアル】
配偶者の誕生日に特別休暇

近年、社員の誕生日に有給休暇の取得を推奨している企業は多くあります。また社員本人の誕生日に、年次有給休暇ではなく、特別休暇を付与する企業も少なからずあります。しかし、配偶者の誕生日に、特別休暇を付与する企業があるのです。

その企業は、一九九一年創業のアクロクエストテクノロジー（神奈川・六二頁参照）です。鉄道の運行監視システム・飛行機の離陸監視システム・緊急地震速報など「二四時間三六五日間、一秒も止まることの許されない大規模システム」で日本を支える企業です。社員数は八〇名で、平均年齢が三〇歳強という若く優秀な人材が集まる企業です。

社員が仕事に集中できるのは、配偶者が支えてくれるからです。新免副社長は、「仕事で実力を発揮できるのは、自分の実力と言っているようでは、その社員の伸びしろはたかが知れている」と言います。同社のこの制度は、配偶者の誕生日にはお休みを取り、感謝の気持ちを込めて「ありがとう」と言える社員であってもらいたい、という願いを込めてスタートした仕組みなのです。

●取得率は、一〇〇%！

周囲のプロジェクトメンバーには、前もって社員の配偶者の誕生日を知らせます。メンバーは、該当社員がその日は確実に休めるように仕事を引き受けます。そのため、同制度の休暇取得率は、ほぼ一〇〇%です。同社の人事担当者は、「配偶者の誕生日の話がきっかけで、コミュニケーションが弾むことも多い」と言います。

●「心配りができて初めて超一流」

この制度の実施にかかる現在の費用は、既婚者二〇名×日賃金だそうです。同社は、二〇一五年の「働きがいのある会社」ランキング（働きがいのある職場づくりを目指す専門機関"Great Place to Work"が調査）で、社員二五〜九九名の部門で第一位を獲得しました。

新免副社長は、「この制度が社員の高いモチベーションを維持する上で大いに役立っている。技術力向上につながるのはもちろん、心配りができて初めて超一流で、そういう社員を育てる効果もある」と言います。

【メモリアル】
あらゆる記念日に休めるメモリアル休暇

大企業・中小企業を問わず、有給休暇が取りにくい空気が日本にはあります。有給は病気のときに取るものと言わんばかりの企業や、有給は買い取るという企業もあります。そうした中、あらゆる方法で休暇が取れる工夫をしている天彦産業（大阪・一四二頁参照）という企業があります。特殊鋼、ステンレス、シリコロイの素材販売、加工販売をしています。社員数は四〇名、創業は一八七五年です。

同社の休暇が取れる工夫の一つに「メモリアル休暇」制度があります。同制度は、年度始めに一年分のメモリアル（記念日）休暇を申請すると、年間一二〇日の所定休日の他に一〇日間のメモリアル休暇が取れます。年度始めに申請することで、周囲を気にして有給が取りにくくなることを回避し、家族も予定が立てやすくなるなどの効果があります。

メモリアルの内容は多様で、家族の誕生日や子供の行事はもちろん、「高野山の日」「鎌倉歴史を学ぶ日」「三二年目夫婦の出会い記念日」などのユニークな申請をしている社員もいます。中には、記念日が無いので「記念日を考える日」という申請をした社員もいるそうです。

●休暇後の仕事へのエネルギーが二倍に

同社はメモリアル休暇を二〇〇八年に始めましたが、当初は社員の大半が同制度に懐疑的でした。しかし、年度始めに申請することによって、社員が自分の計画や予定に向かって仕事をするようになった結果、全社的に業務の効率が上がりました。特に女性社員は、決めたら休むという考えが強いため、きちんと仕事をして休みもしっかり取るそうです。樋口社長は、「休みを取った後の社員の仕事へのエネルギーが一・五〜二倍になった」と言います。それに伴い、女性社員の活躍の範囲も大きく広がっています。

入社して一〇年目の男性社員の柴田さんは、結婚記念日に休暇を取り、夕食を作って奥様を待っていたことが大変喜ばれ、奥様は同社の大ファンになったそうです。このようにこの制度は、同社の企業理念の一つである、「家族の幸せの追求」に大きく寄与しています。

●社員の間に自然な協力関係

「社員がお互いに助け合うという風土を社員と一緒につくれたことが一番です。社員間に自然な協力関係が生まれました。これからも、『企業が社員の家族とも近い存在』であるために、良い風土づくりに役立つ制度を、社員とともに考えていきたい」と樋口社長は言います。

【メモリアル】

誕生日に一〇万円をプレゼント

社員の誕生日に「現金一〇万円を手渡しでプレゼントする」とともに「社員と社長のツーショット写真のバースデーカード（社長の直筆メッセージ入り）がご両親に届く」企業があります。

その企業は、シンコーメタリコン（滋賀）です。「日本を機械長寿の国に」をブランドスローガンに、航空機から医療分野までさまざまな業界の機械部品に、性能や耐久性を向上させるための表面処理の一つ「溶射加工」を専門とする業界のリーディングカンパニーです。社員数は七六名。創業は一九三三年です。

●毎月の小遣いゼロの社員のために

同社では毎日全社員が参加して朝礼が行われています。その場で誕生日の社員がハッピーバースデーのメロディーが流れる中紹介され、皆から拍手で祝されます。そして、立石社長から一〇万円の現金が入った祝儀袋を手渡されます。さらに、社長とのツーショット写真のバースデーカードが、社員のご両親に届くのです。このカードには立石社長の直筆メッセージと共に、社員の近況報告も加えられています。「現金一〇万円の誕生日プレゼント」を始めたのは、二〇一三年の一月からです。それは、毎月の給与や年間賞与は業界平均以上なのに、社員がおとなしすぎるのか、配偶者が強すぎるのかわかりませんが、毎月の小遣いが実質ゼロの社員たちがいることを社長が知ったからです。

「社員と社長のツーショット写真のバースデーカード」は、ご両親に子供が元気で頑張っていることを報告し、安心していただけるようにと二〇一四年九月から始めたものです。カードをパウチしてハンドバッグに入れて、いつも持ち歩いている母親や、額に入れてリビングに飾っている家などがあり好評のようで、沢山のお礼の手紙が立石社長に届いています。

●家族旅行や彼、彼女へのプレゼントに活用

一〇万円×七六名、この支出が年間七六〇万円になります。制度が始まって二年半になります。家族旅行や彼女へのプレゼントなど、有効に使われているようです。もちろん、家族に内緒にしている社員もいるのですが、立石社長の思いは確実に伝わっています。

【メモリアル】

パート社員にも誕生日プレゼント

企業の現場は、パート・アルバイトといった非正規社員で支えられています。しかも近年においてはその役割や期待も年々高まり、正社員と変わらぬ仕事に従事している人も多くいます。しかしながら、その評価や待遇は正規の社員と比較して大きく劣ります。例えば、労働時間がほとんど変わらないにもかかわらず、正社員と比較した非正規社員の賃金は、男性で六割強、女性で七割という水準です（厚生労働省が二〇一五年二月に発表した「賃金構造基本統計調査」より）。それればかりか、賞与の額はもとより各種の福利厚生の恩恵にもほとんどあずかることができません。

同じ職場で働きながら、こうした差別が現存しているのです。こうした中、毎月の給与や賞与はともかく、正社員と同様に福利厚生が利活用できる企業があります。その一つが市岡製菓（徳島）、お菓子の製造卸と小売りを行っており、社員数は一六〇名、創業は一九七三年です。

●「ふるさと小包便」と寄せ書きに感動

全社員の七五％が女性社員、しかもその七〇％がパートという非正規社員である同社は、女性、とりわけパート女性の頑張りなくして存在できない企業です。こうしたこともあり、パート女性の就職増加と定着対策、さらにはモチベーションアップ対策として、今から一〇年前の二〇〇五年から、パート社員に対しても、企業負担で社員の親睦旅行への参加など、可能な限り正社員同様の福利厚生制度の対象としています。

その一つが、「誕生日のプレゼント」です。これは同社のパート社員の誕生日に、「ふるさと小包便」で、サプライズのプレゼントを贈るというものです。同社で一〇年パート社員である田中さんは一二月の誕生日に届いた「ふるさと小包便」と、仲間からの寄せ書きに目頭が熱くなったそうです。

●パート社員の離職率が低下

この制度を導入してからパート社員の離職率が低下したばかりか、パート社員同士はもとより正規社員との仲間意識・コミュニケーションも飛躍的によくなったと市岡社長は言います。なお、このための必要予算は年額二〇万円くらいだそうです。

【メモリアル】

誕生日には全社員から花一輪のプレゼント

誕生日はだれにとっても特別なものです。歳を重ねるとお祝いされる機会も減ってくるものですが、老若男女問わず誕生日に祝福されることはうれしいことです。こうした中、全社員が一人一輪ずつの花を誕生日の仲間にプレゼントする企業があります。その企業は革新的なソフトウェアを提供しITのコンサルティングをする、アクロクエストテクノロジー（神奈川・五四頁参照）です。社員は八〇名、設立は一九九一年です。二〇一五年、「第五回日本でいちばん大切にしたい会社大賞」審査委員会特別賞を受賞した企業でもあります。上下関係なくすべて社員全員で決める完全民主主義の企業で、意見を言い合える開かれた風土があります。そんな中、「それぞれの誕生日に気持ちのこもった一輪の花をみんなで贈ろう」との提案を受けて二〇一二年からこの制度が始まりました。

●全社員からの色とりどりの花のプレゼント

同社では誕生日の社員がいると、社内が華やぎ笑顔が広がります。社員が八〇名ですので、年間で八〇日。全員が一人一輪の花を用意して贈っているのです。

その日が誕生日である社員がいると、上司が本人のデスクの上に水を入れた花瓶を用意しておきます。出社すると、「お誕生日おめでとう」「いつもありがとう」「今日から〇〇歳になりますね」など口々にお祝いの言葉をかけながら、用意してきた一輪の花をその花瓶に入れていきます。贈る花も人によりさまざまです。相手に合わせた思いのこもった一輪ずつが全社員の数になるまで増えていきます。出社すぐから色を替え、形を替え、帰る時間までには色とりどりの大きな花束になっていきます。「大きな花束を抱えて早めに家に帰るのは照れ臭いけれど、家族からも喜ばれて嬉しい」と、素直な感想を一人の男性社員が口にしていたのが印象的でした。

●違う課の社員とも交流できる

この制度にかかる費用は花瓶代くらいで、花は各自の持ち寄りです。もちろん家で育てた花でもよく、前日や当日に購入する人もいます。社員全員と関わることができる貴重な取り組みで、普段話をする機会の少ない違う課の社員と交流の機会になります。花をもらって悪い気がする人はなく、みんなこの制度はうれしいと言っているようです。

【メモリアル】

誕生日には社員とその親にプレゼント、そして先祖にも供え物

社員の誕生日になると、社員の自宅に、社長からのメッセージカードと共に線香とお菓子を贈ることを創業以来続けている企業があります。その企業は日本植生（岡山・二二六頁参照）です。

（岡山・二二六頁参照）

同社では社員の誕生日のメッセージカードは三〇年以上も前から実施していますが、親と先祖にも贈る制度を始めたのは一九九二年からです。

環境緑化製品の製造販売や環境保全、河川緑化工事の設計施工のリーディングカンパニーで、一九五一年創業、社員数二三三名、グループ全体七四〇名です。創業者から現社長まで「国家と企業と家庭の一体化経営を目指し、国家の安泰は企業の安定と家庭の平和、国民の幸福にある」という理念のもと、社員とその家族の幸せを一番に考えて経営を行っている企業です。

●両親にもお菓子を、先祖には線香

誕生日を迎えた社員で、親の近くに住んでいる人は、線香とお菓子を持って親を訪ね、仏壇やお墓に線香をあげます。また、親元から離れて住んでいる人は、自分を育ててくれた親や先

祖からいただいた恩を思い出す日となります。

入社一〇年目のYさんの両親は「Yばかりか、自分たちに、そればかりか先祖にまでの心温まる気配りに会社に足を向けては眠れない」と語ります。

●家族にも安心してもらえる会社にしたい

同社の社員は県外から就職する人が多く、創業者が元気な頃には、出張先に社員の実家がある時などは遠回りしてでもわざわざ立ち寄り「お子さんは元気にしています」と報告する努力を欠かさなかったといいます。今でも子供を預かる身として、親にいかにしたら安心してもらえるかの努力を惜しまない姿勢は、会社のDNAとして受け継がれているようです。

同社の柴田会長が「我々は何もすごいことはしているつもりはありません。普通のことをしているだけです」と、もの静かに話をしていたのが印象的です。

【メモリアル】

社員の誕生日に家族にも金一封とお祝いの手紙

社員の誕生日に、社長が本人のみならず家族にお祝いの手紙と金一封を贈る企業があります。その企業はビレッジ開発（愛知）です。

一九七四年に弱冠二六歳でビレッジ開発を創業した下村社長は、東京の森ビルのようにいつか社名を冠したビルをたくさん建てようと夢を抱きました。

高度成長やバブル景気も重なり企業の規模は拡大し、名古屋の繁華街・栄地区の土地も次々に購入していきました。しかし、やがてバブルが崩壊。抱えた負債は一四八億円にも上りました。

その時、多くの解雇者を出した経験から、拡大ではなく地域に根を張った小さくても強い企業を目指そうと方向転換します。さらに、社員たちにも貸借対照表、損益計算書、経営計画書を開示し、ガラス張りの経営を心がけています。

●社員の結束を高めてくれる

社員の誕生日にその家族も含めてお祝いすることは、下村社長のかねてからの願いでした。

社員もそのご両親も家族であるという社長の考えは、少しずつ社員の結束を高めており、社員同士仲が良く、明るい社風を築いてきました。

本店の賃貸事業部に勤務するSさんは、「この制度が始まってから、社長の元には社員のご家族からのお礼の手紙が沢山届きます。息子や娘の企業での活躍がわかり、不安が安心に変わるのでしょう。今では社長とご家族が年賀状をやり取りするなど、社員のご両親との信頼関係が強くなっています」と話します。

●一生働ける施設をつくりたい

地域との交流も大切にしている同社では、月に一回有志による早朝ボランティア清掃も実施しています。地域に確実に根付いた同社には、五〇周年ビジョンとして高齢者も障がい者も人生の最後まで働いて自活できる複合施設「ビレッジランド」の建設計画があります。

いつの日か「ビレッジランド」で、仲良く暮らす同社の社員と地域の人々が見られるかもしれません。

【メモリアル】

転勤の時に花とメッセージカードのプレゼント

富士メガネ（北海道・一三八頁参照）では、社員が転勤する時や、何かと苦労が多い店長夫人の誕生日には、フラワーアレンジメントを贈っています。

富士メガネは一九三九年、樺太（現サハリン）で誕生し、現在は全国に六八店舗を展開しています。一九八三年からは海外難民視力支援活動を開始するなど、社会貢献にも熱心です。社員数は五二六名、創業以来、人の和を重視した組織力で大きな力を発揮し、協調に努める社風が根付いています。

●贈られた花で気合を入れる

正社員だけでなく、パート社員へも転勤に伴う引っ越しの際に花を贈っています。花には、会長からの心温まるメッセージが添えられています。ある社員は、玄関に飾った花とメッセージを見て、「今日もがんばるぞ！」と気合を入れて出勤していると話してくれました。あるパート社員は、「私のようなパートにも、素敵な花を贈ってくださるお心遣いに感謝します。見ているだけで心が癒されます」と、思いがけない贈り物に感激されたそうです。

ある店長夫人は誕生日の朝から心待ちにしていて、ピンクの可愛らしい花が届いた時には大喜びしていたという話です。

また、社員の結婚や出産時にも、会長兼社長である金井氏自らがメッセージカードを贈っています。

●本業へのやりがいを生み出す

金井会長が社員との直接の交流や対話を重んじ、意志の疎通を図ることで、社員はモチベーションを維持向上させることができるのです。仕事に誇りを持ち、明るく生き生きと働いている社員の様子は、満足度が高いことを示しています。それが本業である技術とサービスの質の向上、仕事の価値、やりがい、誇りを生み出す原動力となっているに違いありません。

【メモリアル】

子供の誕生日に図書カードと社長からのメッセージ

社員やその子供達に誕生日プレゼントをする企業があります。和菓子の製造販売を主に行う叶匠壽庵《かのうしょうじゅあん》（滋賀・二一〇頁参照）も、そのひとつです。

同社の創業は一九五八年、芝田社長は三代目となります。社員を大切にし、社員自らが考えて行動する企業を目指しています。全国各地に販売店舗七十数店がありますが、一九八五年に本社となる「寿長生《すない》の郷《さと》」を造営しました。六万三〇〇〇坪を有する里山は、材料となる梅やゆずの木々があり、野の花も咲き、谷川も流れる豊かな自然を有しています。また、茶室もあり、そこに入ると日ごろの雑事を忘れることができます。

社員の子供が一五歳になるまで誕生日プレゼントに図書カードを贈ることは、創業者の故芝田清次氏から継承されています。子供たちの活字離れを少しでも改善しようとの思いから生まれた贈り物です。図書カードの金額は、二〇〇〇円。大きな金額ではありませんが、多くの子供たちがその日を楽しみにしているということです。

●社員の子が、入社してくれた

このプレゼントの図書カードには、社長からのメッセージカードが添えられます。小さい子供へは、ひらがなを使うなど細やかな心遣いもあります。

プレゼントをもらった子供が社長へお礼の手紙を出したことがありました。その子が購入した絵本の紹介とお礼でしたが、社長から「お父さんは朝早くから工場でお菓子を作って、頑張ってくれていますよ」という返事が届いて大変喜んだそうです。このようにしてプレゼントをもらっていた社員の子供が、成人して同社に入社したという話もあります。

●おもてなしの心を受け継いでいきたい

メッセージカードは、「寿長生の郷」にある紙すき工房で作られたもので、ここには現在二名の障がい者が働いています。彼女たちは勤続二〇年以上のベテラン社員で、社員の名刺もすべてこの工房で作られています。

カードや名刺の原料には、牛乳パック等の製造時に出る端切れの紙をメーカーから譲り受けて再利用しており、資源を無駄にしないよう環境への配慮をしています。

創業以来、受け継がれてきたおもてなしの心をもってお客様に喜んでいただくことを使命とする同社。その大切な心は、次代を担う子供たちへと伝わっていくことでしょう。

【就業条件】

四年に一度のオリンピック休暇

一定の年齢や勤続年数に達した社員に与えられる褒賞の一つに、リフレッシュ休暇があります。有給休暇とは別の法定外の休暇です。厚生労働省の資料（二〇一三年）によると、社員一〇〇〇名以上の企業では現在五一％、それ以下の企業では一二％の企業が、リフレッシュ休暇制度を導入しています。

エイト（東京・五二頁参照）では、二〇〇九年一月からこの制度を導入して、社員とその家族の支持を集めています。同社は一九八八年に創業し、社員数は七四九名、業務内容は不動産事業や建物総合管理事業、建築・土木・造園工事事業、マンション管理事業などです。

●遠くの初孫と遊ぶことができた

『日本でいちばん大切にしたい会社』（坂本光司著）を読んだ白柳社長は、「社員満足なくして顧客満足なし」の考えに共感したと言います。「いいと思ったものはすぐ採り入れる」が信条の白柳社長は、「うちも社員が喜ぶ福利厚生をつくって社員満足度を高めよう」と決心し、「社員が一番うれしい福利厚生は、堂々と休暇を取れることではないか」と考えました。インターネットで調べると、最長七日間のリフレッシュ休暇の実例がありましたので、それより長い一〇日間に決定しました。こうして、勤続四年を経過するごとに、一年以内に一〇日間の連続休暇が取れる「オリンピック休暇」が誕生しました。

一年に四～五名が活用し、社員の休暇取得率は一〇〇％です。海外旅行や国内秘湯めぐり、実家に帰省するなど、日頃なかなか取れない長期休暇を満喫しているようです。

同制度を利用してミクロネシアの無人島を旅行したNさんは、「透明度の高いキレイな海でダイビングをしたり、イルカと一緒に泳いだりして、最高の思い出ができました」と感想を寄せました。また、遠く離れて住む初孫を呼び寄せて一緒に遊んだIさんは、「楽しい大事な時間を過ごせた。空港で『バイバイ』『アリガト』と振る小さな手が目に焼き付いている」と語りました。

●一〇日間から一四日間に延ばしたい

「一〇日間も休むわけですから、周りのサポートが必要ですので自然にみんなへの感謝の気持ち、やさしさ、お互いさまという精神を持つようになるなど人間性が養われるという効果がありました。一番人気の福利厚生だから、将来は一〇日を一四日間に延ばしたい」と白柳社長は語ってくれました。

【就業条件】

最長一カ月の長期リフレッシュ休暇

近年、「ワーク・ライフ・バランス」が強く叫ばれています。仕事と育児や介護の両立と並び、心身ともにリフレッシュできる長期リフレッシュ休暇の導入と取得は、本人はもとより企業にも大きな意義とメリットが期待されます。

マルキンアド（群馬）はホームページやコンテンツ企画制作会社です。創立一九七三年、設立一九九六年、社員数二七名のＩＴ関連企業です。同社は二〇〇八年度に最長一四日間の特別休暇と最大二〇万円のボーナスが支給される「バケーションシステム」を導入しました。

●リフレッシュして、仕事にも良い効果が

同社の長期休暇制度は、入社三年目、五年目、七年目、一〇年目、以降四〇年目まで五年毎に適用されます。年次毎に休暇日数とボーナス金額が決められ、入社三年目での休暇三日間とボーナス三万円の支給を初めとして、一〇年目は一五日間の休みと二〇万円が支給される仕組みです。特別休暇と年次休暇に土日を加え、最大三〇日（一〇年目）のリフレッシュ休暇が可能なのです。

山田社長は、「企業は社員の幸せを実現するための共同体」という経営哲学を実践しています。長期休暇取得で心身ともにリフレッシュして、社業に良い効果を生んでほしいのです。

二〇〇八年、二八歳の男性社員が東京の大手代理店へ出向し、土日もほとんど返上で働き、六カ月後にくたくたになって本社に戻ってきました。これは良い機会と社長は一カ月の休暇を指示し、ボーナスも支給しました。彼は海外旅行をしてはつらつと企業に戻りました。現在も活躍中です。これを機に、同年バケーションシステムとして制度化され、初年度は五名の対象者中、四名が制度を利用して旅に出ました。

●残りのメンバーでカバーする体制ができた

同制度は三年目のジンクス対策にも効果を発揮しています。新入社員が勤務を「継続」するか否かの岐路は、勤務して三年目だといわれています。それで、三年目から取れることにしているのです。同社では一つの案件を四～五名で担当しますが、長期休暇で一人欠けることで、必然的に残りのメンバーがカバーする態勢が構築されます。ほとんどの社員が隔年で制度を利用するため相互認識が生まれています。「初めての土地を夫婦で旅して、貴重な体験ができました。クライアントに、素晴らしい提案ができそうです」と社員の黒澤さんは語ってくれました。

【就業条件】

有給休暇一〇〇％消化の推奨

年次有給休暇は労働基準法により付与を定められています。しかし、日本では取得日数を付与日数で割った有給休暇取得率は平均で四八・八％（平成二六年厚生労働省）となっており、現実には付与された半分以下の日数しか取得されていません。

東海バネ工業（大阪・一五四頁参照）は、小ロットで特殊な金属バネを製造する創業一九三四年、社員数八五名の企業です。同社は「仕事を通じて成長し、家族との生活を大切にしてほしい」との思いから、有給休暇一〇〇％消化制度を制定しています。渡辺社長は、「これは制度ではなく、社員を大切にする文化から生まれた企業風土です」と言います。

●「半日有給休暇」「積立有給休暇」でより取得しやすく

この制度は二〇〇〇年頃から「計画消化」を開始し、「半日有給休暇」「積立有給休暇」と制度の幅を広げていきました。計画消化は、年間五日間を上限とし、ゴールデンウィーク、お盆に全社員一斉に有給休暇を取得します。半日有給休暇は、法整備以前から半日単位での取得が可能でした。積立有給休暇は、取得期限が過ぎた有給休暇を、育児・介護の目的なら年三日まで、最大六〇日まで積み立てることができます。取得状況は、二〇一五年七月現在、平均消化率六八％、二六名（全社員の三三％）が一〇〇％消化、三三名（全社員の四二％）が八〇％以上消化です。

この制度が実施できるのは、同社の「一人ひとりにしっかり関わる」という企業風土があるからです。この風土の上に具体的な前記の三つの仕組みをつくることで、高い取得率を実現できています。気兼ねなく休める雰囲気をつくることに気を遣っており、あまり取得できていない社員には、管理職が指導することもあります。

●所定労働時間の多様化へ

この制度の効果の一つとして、仕事に集中できるようになったことがあります。家庭やプライベートなどのさまざまなライフイベントに対応して休むことができるからです。社員からは、「有給消化できない企業が多い中、消化できることがありがたい」「子供がいるが、夫婦二人の時間をつくることができる」「自分ひとりの時間ができて、リフレッシュできる」「育児や、家族のケアなどで気兼ねなく休めて助かる」という声があがっています。今後はこの制度をさらに発展させ、正社員の所定労働時間をライフスタイルに合わせて多様化し、さまざまな才能や能力をもった人材の育成や採用につなげたいと考えています。

【就業条件】

年間休館日が三〇日以上ある人気旅館

ホテル・旅館業といった宿泊業は「年中無休」が一般的です。仮に休業日があったとしても年間二～三日です。また、早朝から深夜までの仕事となることから、社員寮があり、社員はそこから通うのが普通です。

そうした中、休館日が年間三〇日余り、社員全員が自宅からの通勤、週休二日制（社員の希望日）という厚待遇の温泉旅館があります。

その旅館は長野県須坂市にある仙仁《せに》温泉「岩の湯」です。菅平高原入口の山間にひっそりとたたずむ一軒宿で、部屋数は一八部屋、社員数五五名、創業は一九五九年です。

●暮れ・正月の繁忙期を休館日に！

同社は比較的歴史の浅い旅館で、現社長の金井さんは二代目です。先代から事業を承継した頃は日本の高度成長期と重なり、社員の採用に大変苦労したと言います。近隣の企業は、採用の条件として週休二日制を提示していましたが、当時の旅館業にはとても難しいことでした。

金井社長は子供の頃、両親が忙しく働く姿を見ながら、よその家庭ではお盆やお正月には親戚や知人が集まって楽しい一時を過ごすのに、なぜ自分の家はそれができないのだろうと羨ましく思ったそうです。

このようなことがきっかけになり、社員のために休館日を設け、現在の週休二日制にしたということです。三月下旬から四月にかけての春休み、五月五日の子供の日、クリスマス、そして暮れ・正月などの繁忙期をあえて休館にして社員を大切にする金井社長に対して、社員はとても感謝しています。また、社員同士が希望する休日を調整する過程で社内に「譲り合う」風土が生まれたとも言います。

●規模の拡大よりも、サービスの質が重要

休館日を設けて週休二日制にしたことで、社員のモチベーションが高まりサービスの向上につながったと言います。また、社員同士が「譲り合う」風土が生まれたことによって社員間の連携が強くなったそうです。

金井社長は、規模の拡大はしないという経営方針を掲げています。規模の拡大よりも質を高め、お客様に「極上のサービス」をすることが一番重要だと考えているのです。

【就業条件】

年末年始は二〇日間の連続休暇

ビジネスパーソン四〇〇〇名への休日に関するアンケート（二〇一三年、DODA調べ）によると、年間休日数の全体平均は約一二二日で、年末年始休暇日数は約五日という結果が出ています。

こうした中、年間休日数一四〇日（有給休暇除く）を全社的に実行し、突出した年末年始連続休暇日数を標榜している企業があります。その企業は、一九六五年設立の未来工業（岐阜・一七二頁参照）です。電設資材などを製造するメーカーで、社員数はグループ連結で一一五六名です。

同社の年末年始連続休暇日数は約二〇日間で、全社的に取得を推奨しています。毎年一二月二三日から翌年の一月成人の日までを連続休暇としており、その日数は年によりばらつきはあるものの、平均二〇日に及ぶというものです。全社員の「残業ゼロ」「長期休暇取得」「年末年始連続休暇制度」は開始から二〇年ほどが経ち、現在では「日本一、社員が幸せな会社」としてよく知られています。

●さまざまなアイデアで、仕事のやり方を見直し

残業をゼロとし、長期休暇を取れるようにするには、社員自身も仕事のやり方を見直さなくてはならなくなります。女性社員が一〇名在籍していた本社業務課という部署では数年前、三名が次々と産休に入ることとなり、残り七名で一〇名分の仕事を回さなくてはならなくなったそうです。この時、女性係長が中心となり、従来の仕事のやり方を見直し、いろいろなアイデアを考え、最終的には七名体制で効率化を図ることができたのです。同社では、それぞれの部署で工夫を凝らし、社員全員が長期の休みを取れるようにしているのです。

●「休みが長い方が、売上が伸びる」

山田社長によると「休みが長い方が、売上が伸びる」そうです。社員一人ひとりが、休みが長く取れるように仕事のやり方に工夫を凝らすことで効率が上がり、家族と過ごす充実した時間が仕事へのモチベーションを向上させるという好循環をもたらすこの制度は、他の企業でも見逃せない取り組みでしょう。

【就業条件】

ほぼ全員が定時前に退社

平成二六年版の「国民生活基礎調査の概況」（厚生労働省調査）によると、男性の正社員比率七七・八％に対し、女性のその比率は四三・〇％と大きな開きがあります。これは働く女性や、働きたい女性に対する社会や企業の対応が不十分であることに原因があります。これから、人材不足がますます深刻になる中、女性の力を十分に発揮させることのできない企業が厳しい環境になることは明白です。

こうした中、社員四三名のほぼ全員が女性で、その半数が母親という優良企業があります。その企業はランクアップ（東京・三八頁参照）、主事業は化粧品の開発・製造・販売、創業は二〇〇五年です。

●無駄な業務を省き、生産性を上げた

同社の就業時間は八時半～一七時半ですが、その日に予定していた仕事が終わっていれば、一七時に退社してもよいというルールがあります。現在ではほとんどの社員が一七時に退社しています。普通は早退になりますが、同社ではそれが定時退社の扱いです。

もちろん突発的な仕事がある時もありますので、一七時半退社の日もありますが、通常一七時半までかかると思われる仕事を、社員は工夫をして一七時までに片付けているのです。

こうしたことができるのも、業務の棚卸しと選別を社員一人ひとりができているからです。自分の業務をまず「不要な業務」「自分より適した人に任せる業務」「取引先に任せる業務」「自分がすべき業務」に振り分けることで、無駄な業務を省き、生産性を上げ、その結果、短時間労働で高収益を上げる体質が築かれているのです。

●女性が幸せに働ける社会を目指したい

岩崎社長は、「女性が幸せに働くことができる社会をつくることが目標です。その実現に向け、強い情熱と不屈の精神力で、全員で挑戦します」と力強い目線で語ります。

【就業条件】

何回でも復職が可能

ウェルテクノス（岐阜）という企業があります。事業内容は、「障がい者や難病者でも普通に働ける社会の実現を目指した」就労支援事業と、医療・福祉系のシステム開発・Ｗｅｂシステム制作事業です。社員は、身体障がい者四名、知的障がい者一名、精神障がい者三名、健常者一名の九名です。

同社を設立した服部社長は身体障がい者手帳一種一級を持っている先天性の重度障がい者です。その疾患は年々進行しています。服部社長が創業したきっかけは、大学時代、就職活動した際に障がいを持っているという理由で、二〇社から入社を拒絶された経験からです。

昨年度、同社は経常利益率が一〇％を超え、企業業績はすこぶる順調です。

●子供の白血病で二度休職、二度復職

創業二年目から同社で働くＫさんは主婦でもあります。今から六年前、Ｋさんの五歳の子供が白血病で長期入院の宣告を受けました。Ｋさんは「今日で辞めさせてください」と服部社長に伝えました。しかし、服部社長には「辞めるのではなく、お休みでいいですよ」と言われ、

Ｋさんは休職扱いとなりました。

やがて子供は退院したのですが、フルタイムで働くことが困難なＫさんは、会社に迷惑がかかると思いパート勤務ができる別の職場を探します。そんなとき、服部社長からＫさんに「週一日でもいいからどうぞ」と復職を促す電話がありました。この電話を機に彼女は復職したのです。しかし、抗がん剤治療は厳しく子供が再び体調を崩してしまいます。またもＫさんは休職を余儀なくされました。

子供の体調が安定してきた頃、Ｋさんにまたも服部社長から「そろそろ復職しませんか？」と連絡が入ります。そして再び復職しました。服部社長はじめ周囲の仲間の優しさもあって、遅刻や早退をしながらも彼女は勤務を続けています。

●オーダーメイドの働き方をつくりたい

このように同社では、基本になる福利厚生制度のほかに、一人ひとりの事情に合わせた、オーダーメイドの働き方を社員とともにつくり、運用しています。Ｋさんは「安心して働けるので、皆さん本当にのびのびと働いています」と言います。普通では考えられないほど、社員に優しい企業でありながら、同社は着実に高収益を続けています。

【就業条件】

週一回、出勤を一時間遅くできる「ニコニコ出勤制」

大半の企業では、始業時間と終業時間が固定化しています。近年では、サマータイム制や複数の始業時間がある時差出勤制、あるいは、企業があらかじめ定めた時間内であれば社員が就労時間帯を選択して働けるフレックスタイム制などを採用する企業も少なからずあります。

これらの制度は、始業時間と終業時間を変動させることによって、社員への負担を増やすことなくその生産性を高めることを目的に考案されました。社員の一日（フレックスタイム制の場合は一ヵ月以内）の所定労働時間が変動することはありません。

そのような中、エブリプラン（島根）では、従来の制度とは異なり、社員の就労時間が短くなる「ニコニコ出勤制」を導入しています。同社は、環境基本計画や産業振興ビジョンなどの計画策定のコンサルティングを行う企業で、創業は一九九六年、社員数は二六名です。

●毎週水曜日は、朝ゆっくりできます

同社には、既に社員とその家族に寄りそったさまざまな福利厚生制度がありましたが、さらに女性社員が働きやすい職場環境にするために、二〇一三年に「ニコニコ出勤制」を導入しま

した。

同社の始業時間は九時、終業時間は一八時が基本です。それでも、社員はこの新たな制度によって、一週間に一日に限り一〇時に出勤することができるようになりました。しかも、終業時間は一八時のままなので、一週間のうち一日は就労時間が一時間短くなるのです。

運用にあたっては、各社員の生活実態を踏まえつつ、特定の曜日に集中しないようにグループ内で調整しています。女性社員で入社五年目のAさんは、毎週水曜日にこの制度を利用していますが、「水曜日は、一時間長く睡眠をとったり、少し丁寧に家事をすることで、心身のリフレッシュができています」ととても喜んでいます。

●業績も落ちることなく、順調に推移

「早朝にいくつもの役目を同時にこなさなければならない女性社員からの要望や意見がたくさんあったので、この制度を導入しました。全社員に好評で、これまで業績も落ちることなく順調に推移しています。企業の身の丈に合った良い制度があれば、今後も実施していきたいと考えています」と河原社長は語ります。

【就業条件】

残業削減分を賞与で還元

ワーク・ライフ・バランスの意味は、まだあまり知られていません。残業をせず定時に退社し、プライベートや家族との時間を有意義に過ごすということも含まれます。現実には、平日は仕事に追われ、休みは日曜日だけという人や、休日も仕事で休む暇もない人もいます。

そうした中、古紙リサイクルや廃棄物処理を主事業とする、一九五一年創業、社員数一三三名のこんの（福島・二〇二頁参照）では、社員に定時で帰ることを推奨しています。コスト削減のために、残業を減らそうとする企業は多々ありますが、同社では、削減できた残業時間分の給与を賞与で還元するのです。残業を減らすことも目的の一つですが、社員の公私における生活の充実を図ることが主な目的だからです。

二〇一五年度には、前年度の残業削減分を財源とした基本給のベースアップも実現しました。紺野社長は、「社員の生活の充実を実現し、いい仕事・いい企業を目指したい」と言います。

●月間平均残業時間が、約二〇時間減った！

この制度を二〇一二年に導入した当初は、一人あたり月間二二・四九時間の残業時間でしたが、現在では月間一・四一時間まで減らすことに成功しています。この減った分の時間がボーナスに還元され、時間的にも精神的にも充実する環境へとつながっています。

社員からは「平日に子供と過ごす時間が増えました」「平日に社内サークル活動ができ、休日は家族の時間に向けられます」「このベースアップは本当に感謝しています」「夏場は定時の一七時半でも明るいので、とても得をした気分です」などという声が出ており、残業時間の減少と反比例して社員の笑顔は増えているようです。

●作業効率を上げて、残業時間ゼロの達成へ

残業時間を減らすためには、各社員の作業効率を上げることが必要です。「シフト制を組むことで所定時間外の急な対応も複数名でサポートできる体制を整えた結果、お客様に迷惑をかけることなく毎月の残業時間ゼロの達成とその定着、そして社員の幸せにもつながる」と、企画室長の原さんはその効果を語ってくれました。

【就業条件】

シエスタ（仮眠休憩）制度で効率向上

一般的な日本の企業では、一日当たりの業務時間は朝九時〜夕方六時といった八時間ですが、スペインのように平日午後一〜四時と三時間のシエスタ（仮眠休憩）を設けているのが、二〇〇四年創業、インターネットコンサルティングのヒューゴ（大阪）です。同社の平日業務は朝九時にスタートして四時間働いた後の午後一時に「シエスタ」に入ります。三時間の休憩後、午後四時から再び業務に入り、四時間後の午後八時に業務終了します。同社の社員の過ごし方は、会社での仮眠、ジム、マッサージ、美容室やネイルサロン、映画鑑賞とさまざまです。

また、同社のシエスタ制度は柔軟で、夕方、予定がある時には、シエスタの時間を仕事に使い、夕方五〜六時ごろ退社することも自由です。

●海外のビジネスマンの時間の使い方を見習う

シエスタ制度導入の動機は、中田社長の大学卒業後の二つの経験からです。一つ目は、民間企業に勤めた中田社長が、眠い時に働いても生産性が低いと感じたことです。しかし、デスクで五分でも寝ようとするものならサボっていると言われました。もう一つは、海外のカンファレンスに参加した際、海外のビジネスマンは時間の使い方がうまいと感じたからです。お昼を長めに取って気分転換をするなど、日本のように一時間の枠にとらわれていませんでした。

さまざまな働き方があることを目の当たりにして、集中して仕事の質を高めて業務効率を上げる働き方もあるのではないかと考えて、社員とも相談して二〇〇七年にシエスタ制度を導入しました。その成果を実感し、今ではお客様への納品後は数日休める制度、鍼灸を会社負担で受けられる制度や疲労回復のために酸素カプセルも設置するなど、集中して仕事ができる福利厚生を充実させています。

●仕事に集中できる、さらに新しい働き方を

社員からは、一度休憩を取るとリフレッシュされて集中力が増して仕事がはかどるといった声が聞かれます。同社は、インターネットのコンサルティングを主な業務としていますが、シエスタ効果をはじめとする仕事に集中できるさまざまな取り組みは、開発スピードや品質の向上につながり、日本の大手企業だけでなく海外の有名企業との契約を結ぶなど確実に成長しています。中田社長は、「単に話題の一つではなく仕事の成果にこだわることで、シエスタ制度をはじめ新しい働き方の効果を証明していきたい」と抱負を熱く語ります。

【就業条件】
生涯現役・定年なし

少子高齢化が進む日本では、今後ますます高齢者の人口が増加します。二〇一五年二月現在の六五歳以上の人口は、三三二三万人、率にして二七%となっています。元気な高齢者が増えている中、生涯現役で企業に必要とされ、働き続けたいと思う高齢者は数多くいます。人間の究極の幸せは、人の役に立つこと、人から必要とされること、人から頼りにされることと言われています。つまり人の幸せは、働かなければ得ることができないと言っても過言ではありません。高齢者が働き続けたいという意味は、ここにあるのです。

現在「高年齢者雇用安定法」により六五歳までの継続雇用が義務付けられていますが、六六歳以降も勤務可能な企業はあまりありません。ましてやその人が働きたい限り勤務可能という企業はめったにありません。

そうした状況にあって、そもそも定年という制度がない企業があります。その企業は、専用工作機メーカーの西島（愛知）です。創業は一九二四年、社員数は一四〇名です。

●六五歳以上が一〇名、最高齢は七八歳！

同社の経営方針には、定年ナシ・学歴関係ナシ・技術に限界ナシと書かれています。実際、定年という制度がなく、個々の社員は辞めたい時が定年なのです。ですから同社では、まるでプロ野球などの選手のように辞める時を「引退」と言っています。

仕事は六〇歳を過ぎるとライン職からスタッフ職にかわり、主として若手への技術の伝承が仕事です。つまり、技術の指導や人生観を後世に伝授する仕事にまわれば、何歳であっても勤務は可能と同社はみているのです。

ちなみに、現在六五歳以上の社員が一〇名おり、最高年齢は七八歳のTさんです。Tさんは中学校を卒業後、同社に入社し、すでに勤続六二年です。

●健康である限り一生働ける企業を目指す

若年労働力人口が減少する中、それを補う労働力としても高齢者の活躍はますます重要になります。同社のような就業条件であるならば、社員は健康である限り一生安心して働くことが約束されており、定着率も向上すると思われます。

【就業条件】

障がい者も含め全社員が正社員雇用

日本の非正規社員比率は、現在、男性二二%、女性五七%で、年々高まっています。この現象は、企業を取り巻く競争が厳しい中、正社員を増やすことなく非正規社員を活用することで、固定費率を下げていきたいという企業側の思惑や、自由に働きたいという働く側の就業意識の変化もあげられます。しかし、現実問題として、正社員の月例給与平均は約三二万円、非正規社員は二〇万円と、六割強の格差があるのです（平成二六年度国民生活概要調査、厚生労働省）。望むならば、正社員雇用をしてもらえることが働く人間にとっては最大のモチベーションになるはずです。

クラロン（福島）は、先代の社長の理念である「みんなが望む健康、みんなに優しいスポーツウェア」をモットーに一九五六年創業、学校体育着の専門メーカーとして東北・北関東各県の学校一二〇〇校や、官公庁に品質の良い機能的な製品を提供しています。

●社員の三五・五%が障がい者

創業時の社員が一七名の時に、すでに三名の障がい者がいました。その後、どんなにつらい時でもリストラはせず、バブル崩壊の時も障がいのある社員を一人も辞めさせないで頑張りました。

現在、社員は一三五名。障がい者は、知的障がい者と肢体不自由者が三七名です（うち中重度が一一名であり、障がい者雇用率は三五・五％）。福島県ではトップの雇用率を続けています。

縫製業界の工場勤務のスタッフは、通常非正規雇用が多いのが実情ですが、クラロンでは障がい者も含め全員正社員で、最低賃金以上の給与水準を維持しています。

●働く喜び、生きる幸せを感じてもらいたい

少子化と、震災後の放射能の影響による子供たちの県外避難等で経営も大変ですが、先代の経営理念をそのまま現会長（元社長夫人）が引き継ぎ経営されています。「障がい者であっても仕事に障がいは無い」という言い方がありますが、障がい者を保護するのではなく、働く機会を提供し、働く喜び、生きる幸せを感じてもらえる社会をつくっていきたいとのことです。こうした家族的経営をベースに顧客の細かい要望に対応する多品種少量体制を構築し、黒字経営を続けています。

【就業条件】

社員も家族も仕事の犠牲にしない数多くの制度がある

社員や家族を大切にする企業は、着実に増加傾向にあります。しかし、一方では社員に生産や営業のノルマや「目標」という名のノルマをかけている企業、それを評価基準にしている企業も多いと思います。

こうした中、創業以来、社員にノルマや売上目標などを一切課さず、解雇者ゼロ、毎年全社員が昇給を続けている企業があります。

その企業はアドバンテイク・レヒュース（群馬）です。主事業は産業廃棄物の収集・運搬で、社員数は五三名、設立は一九八四年です。

同社の社員と家族を大切にする経営制度は、「全員正社員」「毎年全員が昇給」「業界平均の一・六倍の人件費」「業界トップクラスの年間休日」「二〇年前に日本初の男性の介護休暇制度の設置」など数多くあります。社員の自主性と社員の家族をとことん大切にした見事なワーク・ライフ・バランス経営です。

●創業以来、定年前退職者なし

同社の経営理念の一つに「資本家のための労働ではなく、自分、そして家族のための朗働」（あえて「朗働」を使っています）とあります。また同社の二代目であるまだ三四歳の堀切社長の口癖は「企業は社員、そして家族を幸せにするために存在する」です。

こうした考えで経営を行っているので、社員に数字を負わせたり家族に迷惑のかかる長時間残業をさせたりすることがないのです。社員のほとんどはこうした社風や経営理念に惹かれての入社で、創業以来解雇者はなく、一度入社すれば、ずっと働くことができます。

●三一年連続黒字決算を達成

社員のAさんは、同社に転職したおかげで結婚を決意できたと言います。「おかげで安心して子供を産み育てることができています。残業する日もありますが、基本的には各自の都合や家族優先ですので、きりのいいところで誰の目も気にせず堂々と自宅に帰り、家族団らんのひとときを楽しむことができます」と語ってくれました。ちなみに同社の業績は三一年連続黒字決算です。

【就業条件】
役職者にも残業手当を一分単位で支払う

一般的によく行われる一五分単位や、三〇分単位での残業時間の切捨て行為は、労働基準法で認められていません。

ですから、残業手当を一分単位で支払うことは当たり前のことです。しかし、現実には、実行している企業はごくわずかです。

そんな企業の一つがライブレボリューション（東京）です。創業二〇〇〇年、年商六四億円（二〇一三年）、社員数六〇名の企業で、スマートフォン・モバイル広告代理店事業を主事業とする業界のリーディングカンパニーです。

同社は、取締役以外のすべての社員に残業手当を一分単位で支払っています。つまり、サービス残業が一切ないのです。

●サービス残業をなくせば、すべてが好転

「役職についたけれど、本来ならば残業代はもらえるはずだ」と考える社員もいます。そうすると、「企業がコンプライアンス違反をしているのだから、このくらい仕事で手抜きをしても

構わない」といった悪循環に陥るわけです。最悪の場合には、それが大問題に発展して経営を傾きさせかねない不祥事になるかもしれません。

増永社長は、「サービス残業をなくせば、すべてが好転します。小さな違法行為ですべてを台無しにするのはもったいないと思います」と言います。

●「他社ではありえない制度」、社員の心に響く

この制度は、当然ですが費用がかかります。しかし、きちんと社員に残業手当を支払いたいという経営姿勢は、多くの社員の心に響いているに違いありません。同社の広報担当者は、「この制度は長年実施しており、当たり前のようになっていますが、当社が社員に真摯に向き合う姿勢は、とてもありがたいと感じます。他社ではまずありえない制度だという認識は、全社員が持っていると思います」と言います。

【職場環境】

体にフィットする高性能なイスで健康を支援

社員の健康を考慮し、座り心地のいい高性能なイスを配備しているのは日本レーザー（東京）です。長時間パソコンの前に座って作業する事務職員やクリエーターの悩みは、主に腰痛や肩こりです。職業病ともいえるその悩みを軽減させようと、人間工学的に体にフィットする高性能なイスで支援しています。社員は睡眠時間より長い時間をイスに座って過ごすのですから、同社ではこの投資は当然だと考えています。このおかげで、社員のモチベーションや集中力が高まり、効率化にもつながっています。同社では、役員も新入社員もパート社員も同じフロアで垣根なく同列に机を並べ、風通しの良い社内環境を実現しています。

●七〇歳、今後は八〇歳まで働ける会社を

近藤氏が代表取締役社長を務める同社は、一九六八年設立、社員は五八名です。不況知らずで右肩上がりのレーザー専門の輸入商社、年商は三八億円です。二〇〇七年に親会社からの独立のため、日本では珍しいＭＥＢＯ（経営陣と従業員による企業買収）を実施しました。社員全員が株主であることから好循環が生まれ、団結力が強く、超優良企業として成長を続けていま

す。「社員の成長が企業の成長」という近藤社長は、社員の教育や働く喜びを大切にして「雇用することが第一の理念」と掲げています。六〇歳で定年を迎えた後も、働きたい人は七〇歳まで働くことができます。「ゆくゆくは八〇歳まで働けるようにします」と笑顔を浮かべながら、高齢化社会への柔軟な姿勢も語ってくれました。だからこそ、社員の幸せのためにコミュニケーションを重視し、働く環境にも心を配るのです。

●国籍、性別、学歴不問のダイバーシティ経営

社員は、「イスの配備はもちろん、社員を大切に扱ってくれて、わが社の風通しの良さは抜群です。特に社長はよく見ていて、頑張れば頑張った分の評価がもらえるので、やりがいがあります」「社長や役員への要望を毎週メールで伝えるシステムが気に入っています。おしゃれなラウンジもでき、ランチタイムもリラックスできて満足です」と話してくれました。

同社は、正規、非正規の区別なく、地方のパート社員でも、毎年東京で開催される周年パーティーや忘年会、社員旅行にも全額会社負担で参加できます。今後も、人を大切にする経営を実践し、国籍、性別、学歴不問のダイバーシティ経営を継続したいということです。

【職場環境】

社員のために景色の良い職場へ移転

良い職場環境で仕事ができるかどうかは、社員にとって大問題です。デスクワークの社員は一日の三分の一をオフィスで過ごしますから、働く環境を整えることは経営者にとってとても大切なことです。フロアをきれいにリフォームすることや、トイレを清潔に保つことは社員の仕事に対するモチベーション維持や作業効率アップには欠かせない要素です。

その重要な職場を、景色の良い五階建てビルの最上階に移転することで大変喜ばれている企業があります。税理士・行政書士岡野哲史事務所（東京）です。

同事務所は一九九二年に開業し、以来、会計サービスを通じて地域社会へ貢献する業務を行っています。住宅街の一角にあった事務所を、二〇一五年四月から駅前ビルの最上階に移転しました。アクセスもよくなり、お客様にも大変喜ばれていると言います。

●夏には、屋上で花火鑑賞会

移転に伴い、岡野所長はデスクやチェアなどの備品も一新し、壁や床もきれいにして新たな気持ちで仕事ができるようにしました。もちろん、トイレも使いやすくアレンジし、デンタルブースも設けました。大きな窓からはスカイツリーや西新宿の高層ビル群が臨め、日当りもよく、明るいオフィスです。夏にはビルの屋上で花火大会鑑賞会が開かれ、抜群のロケーションで花火を見ることができます。

移転したのは、岡野所長の所員に対する思いからです。同事務所の経営理念は「幸せづくりのパートナー」ですが、まず同事務所の所員自身が幸せでなければなりません。このような思いから、それまでの事務所が交通の便がよくないということで、移転場所を探していたところ、ある金融機関の紹介で今回の物件が見つかり、実現に至ったそうです。

●社員だけでなく、お客様もうれしい移転

アクセスのよい立地に事務所を構えることは、お客様にとっても毎日通勤する所員にとってもありがたいことです。加えてビルの最上階で窓から見える景色も最高です。デスクワークを主な業務としている女性所員は「所長がわたしたちのためを思ってつくってくれた数ある制度のなかでも、今回の事務所の移転がいちばんうれしい」と少し興奮気味に語ってくれました。

【職場環境】

歯磨き・化粧専用ルームを設置

企業の中に休憩室や食堂を設けているところは多く見かけますが、歯磨き・化粧専用ルームまで設置しているところはあまり聞きません。通常、歯磨きをするとすれば、洗面所かトイレが一般的ではないでしょうか。

そんな企業が吉寿屋《よしや》（大阪・二二〇頁参照）です。一九六四年創業、社員数約三〇〇名の企業です。一九八六年からお菓子のフランチャイズを考案し、直営・FC店ともに地域に愛される店作りを行ってきました。

いつも社員がトイレで歯を磨いていたのを見ていた神吉会長は、本社社屋を改装したのをきっかけに、社内に歯磨き・化粧専用ルームを設置しました。社員から意見が出ていたのではありませんが、トイレの水で歯を磨くのはちょっと衛生的に悪いのではないかと考えたからです。

●人目を気にせず、歯磨きや化粧ができる

社員の中でも特に女子社員（約二三〇名）からは大人気で、マイ歯ブラシや化粧品を鏡の後ろにある棚にキープして使っています。専用室で毎食後や休憩時に歯を磨いたり、化粧を直し

たりできるのでうれしいとの声が続出しています。

社員の山田さんは幼少のころから歯が悪く、食後の歯磨きを欠かせなかったといいます。それでもこの専用ルームができるまでは「トイレで歯磨きをしていたので、衛生的にもどうかなと思っていたのですが、この専用室ができて、気兼ねもなく、衛生面でも安心です」と笑顔で語っています。人目を気にせず、ゆっくりと歯磨きや化粧ができることで、仕事にも集中して取り組めるに違いありません。

●社員が健康で元気に働いてくれるのが何より

歯は健康の源です。歯を痛めるとせっかくの食事もおいしくいただけません。

「当初、歯磨き・化粧専用ルームをつくるのは、経費もかかるし、そこまで必要かなという気持ちもありましたが、社員たちがこんなに喜んでくれているし、健康的で元気に働いていただけるようこれからも続けていきたい」と会長は語ります。

【職場環境】
通勤車両を無料で修理する

首都圏では少ないと思いますが、地方では自家用車で通勤する人が多くいます。自動車ですから、故障することもありますし、車検も受けなければなりません。また、あってはならないことですが、事故に遭遇することもあります。このような時は、驚くほどの費用がかかり、また通勤にも困ってしまいます。

そうした中、故障があれば通勤車両を無料で修理して、代替車両も貸してくれるという企業があります。その企業は運輸・倉庫業を営むヤマウチ（静岡）です。グループ企業を含めると一〇〇台以上のトラックを保有し、社員数九〇名、創業は一九八三年です。

●社員の出費が最小限で済む

同社は、現在の新社屋に移転した四年前よりモーターサービス部を開設しました。いままでは自社車両の点検、修理、車検整備等を外部の業者にお願いしていましたが、運行途上の故障はお客様に迷惑がかかるし、何よりも、素早い対応が求められていたからです。

その際に山内社長は、「社員の通勤車両も修理してあげたらどうか」と提案し、この制度が始まったそうです。

筆者の訪問時にも社員の自家用車がピットでオイル交換の最中でした。サービスマンの芝田さんに尋ねると「オイル代（部品代）は社員負担ですが、修理工賃は無料です」とのことでした。出社時点で「ちょっと診てくれ」というケースが多く、それは、人間でいうと健康診断に相当するというのです。社員は大きな修理に至る前に発見できるので、出費は最小限で済むのだと言います。

また同社では、毎年四〜五名の高卒新入社員を採用していますが、入社後半年位は免許取りたてですので、通勤途上での側溝への脱輪や自損事故も起こしやすいものです。このような際に、レッカー車を依頼すれば、一カ月分の給料は吹き飛んでしまいますが、同社のサービス部がすぐに出動するので、途方に暮れた新入社員も安心だということです。

●遅配の撲滅にもつながる

「お客様が荷物を待っている」のですから、自社の車両だけでなく社員の通勤車両も健康でなければなりません。社員の通勤車両を適切に維持し、通勤途上の故障や事故を軽減することは、社員の負担軽減のみならず遅配の撲滅にも寄与します。

【職場環境】

無事故手当で安全運転を促す

企業にはさまざまなリスクがありますが、その一つが交通事故です。特に近年は若者の自動車離れが進み、就職して初めて自動車を運転する新入社員も増えたため、各社が交通事故防止に注力しています。特に自動車の運転が本職ではないけれども、営業車を数多く使用する業種ほど頭を悩ませています。

一カ月無事故運転を達成した社員には、一万円の「無事故手当」を毎月支給することにより、この問題で効果を上げている企業があります。手作りの飴を企画・開発し販売する大丸本舗（愛知）です。一九二四年に創業した同社は、社員一五名ですが、公用車六台を保有し全国を飛び回っています。交通事故や接触による車の損傷の多発に困っていた三代目の宇佐美社長は、「毎日の無事故、無違反、そして車を大切に乗ってくれますように」という気持ちで同制度を始めたと言います。

実は、無事故手当は運送業では一般的に行われている制度で、その額も月額三万円から五万円と高額です。しかし、その実態は事故を起こすとその分を給与から減額する懲罰的意味合いが強く、中には一度事故を起こすと半年間、給与を減額するという悪質なケースすらあります。

同社のそれは、懲罰的なものではなく、社員に対する感謝の意を表すもので、意味合いがまったく異なるものです。仮に事故が起きても、一万円を支給しないのはその月だけです。

●毎月一万円の無事故手当で、より注意できる

同社のAさんは、先日、接触事故を起こしてしまいました。以前の勤務先で同僚が事故を起こした際の懲罰と始末書が頭に浮かんだそうです。しかし、Aさんの場合は、当月のみ無事故手当がなかっただけで、社長からは無事故手当の意図と社員を大切にする想いが伝えられたそうです。「毎月の給与明細に記された一万円の無事故手当の意味と有難さを知ることになり、より注意して運転しようと思うようになりました」と話してくれました。

●制度スタート後、事故がほとんどなくなった

一九九〇年に同制度がスタートして以来、人身事故は発生していません。また、接触事故もほとんどなくなりました。宇佐美社長は、「何よりも社員の安全につながってくれればうれしい」と言います。〝飴とむち〟ではなく、飴だけの制度は、まさに同社らしい施策と言えます。

【職場環境】

出張は二人、高級社用車で

社員が使用する社用車を経費の一部と考え、コスト削減のため営業社員用には軽自動車、重役には高級乗用車を使用する企業は多くあります。一方、社用車をすべて高級車（二〇〇〇cc以上）としている企業があります。その企業は中村ブレイス（島根・一八六頁参照）です。

一九七四年、中村社長は過疎化の進んだ自分の故郷（島根県大田市）でたった一人で義肢装具の会社を始めました。苦労と努力が実り、現在では世界中から多種多様な注文が来る企業に成長しました。二〇一五年現在、社員は七五名です。

同社では、中国地方を中心とした出張は社用車を使用しますが、その車は一般的な社用車より一廻り大きい車で、乗車は必ず二名で行い、交替で運転ができる体制をとります。効率や利益ではなく、社員を守ることは企業の当然の義務であるという考えからです。

●好きな車種で、運転も交代できる

同社の駐車場に並ぶ社用車に、外部から見学に訪れる方は驚きます。「社用車が高級車とは、かなり利益が出る企業」という印象を持たれることもありますが、そうではないのです。高級

車を社用車にするのは「大きな車で社員を守る」という信念が社長にあるからです。

乗車距離が片道二〇〇キロメートル（石見銀山～鳥取）におよぶ出張を行う社員に「今日も無事で戻ってほしい」、そのためには、快適で安心・安全な車を社用車に選び、社員を交通事故から守る必要があると言います。社用車は一四台で一一車種ありますが、すべて日本車の高級車で、自分の好きな車種で出張できます。

また、必ず二名で乗車するため、朝早くの出発や、帰社が遅くなった場合など、途中疲れが出ても「交代できるので助かる」「気分的に楽」であるという声が多く聞かれます。万一事故等の緊急事態が起きても二人で対応できるという、社員が安心できる態勢が常にとられているのです。

●創業から四〇年、大きな事故なし

創業から四〇年経ちますが、これまで大きな事故はありません。助手席に同乗者がいることで、居眠り運転等の予防や走行中の危険察知など、安全運転をより一層行うことができています。また、社員の出張の負担を軽減していることにもなっているようです。

【職場環境】

会社でいちばん快適な場所が、社員食堂兼休憩室

社員食堂や休憩室は、社員が午前中の疲れを癒すとともに、午後の英気を養う場所です。ですからそこは、社長室や使用頻度の少ない応接室などよりはるかに日当たりの良い風通しの良い場所にすべきでしょう。そうすることにより、社員が自分たちは大切にされていると思え、いい仕事をして企業に貢献しようとするからです。

こうした考えで、快適な社員食堂兼休憩室を用意している企業は、全国に少なからずありますが、ここではその一つを紹介します。

その企業は大谷（新潟）で、主事業は印章の製造販売です。社員数はパート社員を含め約六〇〇名、設立は一九六六年、障がい者多数雇用企業としても知られています。

●天井まであるガラス窓の休憩室で、ゆったり

前社長である大谷会長は自分自身が生まれながらに障がいがあるということもあり、設立以来、健常者・障がい者を問わず社員の命と生活を大切にする経営を実践しています。その一つの現れが、快適な場所にある社員食堂兼休憩室です。

社員食堂兼休憩室は、本社の玄関を入った右側の誰が見てもいちばん環境の良い場所にあります。南側のガラス窓は天井まであり、部屋の形は四角ではなく楕円形です。部屋には新聞や雑誌、本棚もあり、社員はここでゆっくり過ごすことができるのです。

社員の一人は、「私たち社員にはこんな素敵な場所を提供してくださっているのに、社長は自身の部屋がないどころか、事務所の隅っこのいちばん使い勝手の悪い、窓もない小さなスペースのデスクで黙々と仕事をなさっています。もっと頑張らねば……」と語っていました。

●今や、印章業界のリーディング企業に

母親と二人で僅か三・五坪の社屋で創業した同社は、今や印章業界ではリーディング企業として高い評価を受けるまでに成長発展しています。大谷会長の跡を継いだ娘の大谷社長は、「これからも社員を大切にした経営を続けます」と語ってくれました。

【職場環境】

快適な職場のための「機器類個人購入制度」

大阪府茨木市で銅合金鋳造品を製造する辰巳工業。元客室乗務員の経歴をもつ女性企業家が経営の舵を取る鋳物工場です。辰巳施智子《せちこ》社長が代表取締役に就いた時は、会社は赤字経営が続く状態でした。これを不断の努力によって経営革新をし、黒字企業へと変身させていきました。業務改善の一つの要因は、社員を大切にする取り組みにあります。

●同僚への配慮のある提案が多い

同社では、「社員への思いと取り組み」とした社員満足を高めるための三〇の実施項目が掲げられています。この中に「機器類個人購入制度」という仕組みがあります。日常の生産活動をより快適にするために、個人またはグループは、自主裁量で機器類を購入することができるということです。「安全が確保しやすい」「作業をするのに便利」「もっと作業が楽になる」「作業環境がよくなる」「チームワーク向上に役立つ」「あるにはあるが、絶対数が不足。自分の手元にも置きたい」という要望に合致する各種機器類を、一名あたり二万円を限度に購入できるのです。個人でなく、グループとして共同購入することも可能とされています。

どんな物を購入されているのか尋ねると、自分のことよりも他者への配慮のある提案をする社員が多いそうです。例えば、真っ赤に溶けている鉄鋼を鋳造作業している現場の社員たちが少しでも楽に作業ができるように、内勤の社員が自分の購入分を持ち寄って、首などに巻いて冷却できるクールグッズを購入してほしいと申し出てくるなどです。

●優れた提案者には、表彰制度も連動

米国の調査会社ギャラップでは、一七〇万人以上もの従業員の調査を行い、会社と社員の間の絆、エンゲージメントの度合いが企業業績と相関すると発表しています。特に相関がある要素として一二の項目を挙げていますが、その二番目に「私は自分の仕事を正確に遂行するために必要な設備や資源を持っている」ということが指摘されています。辰巳工業がこれを意図して「機器類個人購入制度」を実施しているかは定かではありませんが、結果として社員同士の絆を堅くしつつ、利他的に考える人材を育成していることになります。目的に適う優れた提案をした者を表彰する制度を連動させているということでした。「ほめる」という幸せ度を高める承認欲求を充たすことも同時に実践する、福利厚生制度です。

【親睦】

週に一度、社員全員でバーベキューの昼食

約四〇名の規模ながら、「一本の映画のような家づくり」「感動の家づくり」が評判になり、住宅業界が厳しくなるなか、何カ月も順番待ちという人気の注文住宅の工務店が都田建設（静岡）です。創業は一九九六年です。社長の蓬台《ほうだい》浩明氏は、二つの大学を卒業後、海外留学を経て大手ハウスメーカーに就職しました。しかし、お客様よりも会社の売上を優先する仕事のやり方に疑問を持つようになりました。そのため、一から家づくりを勉強するために、当時、わずか三名、事務所は四畳半の都田建設に転職したのです。そして、真心でお客様とお付き合いできる「顔の見える家づくり」、徹底的にお客様から信頼を高める取り組みがしたいと考えて、目指したのがディズニーランドを超える感動サービスです。

●三つのルールをクリアしなければならない

感動を提供するには、その都度、異なる状況での高度な判断が求められます。そのため、蓬台社長は、社員に対して、ホスピタリティ研修旅行などの感性を高める教育を行っています。

そのなかでもユニークなのが、週一回社員全員での昼のバーベキューです。バーベキューは、

単に楽しむためだけではなく、ルールとゴールがあります。ルールは三つ、「一時間でやる」「全員で毎週必ずやる」「予算は一万円以内」、というものです。ゴールは、おいしい料理をつくって食べることですが、三つの厳しいルールをクリアするのは簡単ではありません。天気予報の読みから始まり、食材の仕入れや料理の段取り、社員間の協力、さまざまなことを考慮に入れなければならないからです。

●バーベキューは、教育と交流の場

週に一度のバーベキューは、社員にとって「自分で考えて、場をつくって、自分のすべき行動をする」という教育と交流の場になっています。新しい料理に挑戦すれば、失敗することもあります。しかし、社員はその失敗から改善点を見つけて解決することで、バーベキューを楽しむことに加えて喜びを感じています。自分自身の成長を実感し、仲間との一体感を味わい、その成果として感動サービスでお客様から喜ばれることが社員満足につながっています。

家づくりには、多くの人が関わります。協力的な態度は、温かい雰囲気から生まれます。蓬台社長は、バーベキューという手軽にできる福利厚生を通して社員満足とお客様満足の両方を実現しているのです。

【親睦】

年に一度、全社員参加の祭事を行う

一〇〇年企業と呼ばれるような企業には、創業当時から綿々と受け継がれる社内行事が残っていることがあります。九七年続く田島鐵工所（静岡）は、その歴史を感じさせる祭事が執り行われています。創立は一九一八年、社員数は四五名、製紙機械専門の鉄工所から始まった同社では、毎年一一月八日になると「金山祭《かなやまさい》」、別名で鞴祭《ふいご》ともいわれる祭事を行います。鞴とは金属加工に使う火を強くおこすための送風装置で、鍛冶屋にはなくてはならない道具の一つです。江戸時代、鍛冶師・鋳物師・箔打師などが、鞴を清め、祖神のご加護を感謝し、火防・繁栄を祈願したお祭りです。

同社でいつ始められたのか定かではありませんが、七二歳の現役社員が入社したときに「すでに行われていた」と言います。昔は飲めや歌えやの大宴会で、皆が楽しみなビッグイベントだったそうです。いまの時代、生産性ばかりが重視され、効率化の陰にこのようなお祭りは衰退の一途ですが、同社では全員でしっかりとこのお祭りを受け継いでいます。

●社員で協力して作り上げるお祭り

金山祭の準備や進行は社員が行います。当日になると、資材部の社員が主に飾り付けを行い、各部署の若手も手伝います。工場に祭壇をつくって紅白の垂れ幕を飾り、祭壇中央には代々伝わる掛け軸を掛けて、鍛冶屋の大切な道具である「鞴」を飾ります。山盛りの赤飯に、尾頭付きの鯛、みかん、だいこん、にんじんなどの野菜、日本酒、お米をお供えします。総務の女性が司会進行で、社内の各リーダーが代表で榊《さかき》を奉納し、宮司さんにお祓いをしていただきます。そして、ノンアルコールの日本酒で献杯を行います。帰りには、お供えの赤飯を皆で一口ずつ食べ、土産に、お弁当の折り、紅白饅頭、みかんが用意されます。お供え物は社員で分けますが、日本酒だけは七二歳の社員の毎年の楽しみです。縁起物の土産をもらえるのはうれしいもので、休暇を取った社員も夕方から始まるお祭りだけは参加しに来ます。

●入社予定者も参加して、楽しむ

この金山祭は、社員全員参加が基本ですが、翌年入社が決まっている人も参加することになっています。今年入社した四名の社員も、去年の金山祭に参加しました。来春から働く場所で、このような神事に参加することで身が引き締まり、歴史ある企業に勤めるのだという高揚感を味わうことができるのです。

【親睦】全社員がドレスアップしてパーティーを楽しむ

近年は服装のカジュアル化が進み、結婚式でさえ簡略化するなど、ドレスアップして晴れやかな場に出る機会は少なくなっています。そんな中で、フォーマルウエアを着て参加するパーティーを意識的に開催している企業があります。

その企業は創業一九六四年、社員数二〇〇名のラブリークイーン（岐阜・一九二頁参照）です。同社では、二〇〇五年より企業の経営方針会の後の懇親会は、ホテルのボールルームを使ってフォーマルパーティーを開催しています。女性社員は非日常を楽しむために着飾って（華美にするという意味ではなく）参加します。もちろん男性社員もタキシードなどでドレスアップして参加します。

多くの女性は「美しくなりたい！　素敵な洋服でおしゃれした自分を見てもらいたい！」と思うものです。朝、パジャマからスーツに着替えると、きりっとした気分になるように、服装を変えることで、自分の気持ちを演出することができます。ましてや、パーティードレスに身を包めば、気持ちにぴんとしたハリが出て背筋がしゃんとします。

パーティーの主たる目的は社員同士の交流ですので、特に服装にこだわらなくても構わないのですが、非日常の自分をアピールして、そのことで自分に自信を持てる良い機会となっているようです。

●普段とは違う同僚の姿が新鮮

毎日オフィスで顔を合わせている社員同士ですが、普段とは違う同僚を見てお互いに相手をほめ合う光景があちこちで見られます。ほめられて気分を悪くする人はいません。社員同士のコミュニケーションはさらに深まります。この日は全国から社員が集まるので、普段会えない同僚とも顔を合わせることができ、会話が弾みます。

●アフターファイブの自分を演出

「ビジネスの場において、服装は仕事の信用にかかわります。お客さまとお話をする時にもきちんとした身なりの人は説得力があるのです。身だしなみは社会人として重要です。このような思いから、ファッションメーカーの当社としては、オフィスでの服装だけに気を遣うのではなく、アフターファイブの自分を演出して楽しむためのパーティーを開催しています」と井上社長は語ります。

【親睦】関係者全員が参加する交流会

毎年一二月、全社員をはじめ協力会社、取引先、お客様が参加して交流会を開く企業があります。一年の労をねぎらい、来られた方々を喜ばそうと、社長自ら催し物を考えるなど楽しい交流会を開いています。その企業は、一九九〇年設立のキタセツ（東京）です。同社は今年で二五周年を迎え、社員数は正規・非正規を含め二五名の地域密着型の住宅リフォーム会社です。半径二キロの八万世帯中、一〇%の八〇〇〇世帯が実績顧客で、網戸一枚、カギの修理などお客様からのどんな依頼にもすぐに駆けつけ、そのリピート率は七〇%です。

同社が交流会制度を導入したのは、設立して間もないころで、段々と大規模になり、今年で二〇回を超えます。

●お笑い芸人？　実は社長

交流会は一九時から二一時まで二時間にわたり開催され、参加者は一二〇名ほどです。当日の企画は社員が行いますが、設営などはすべて会場の担当者に任せるため、年末に向けて忙しい社員に負担がかからないように配慮されています。一年前から料理のおいしいホテルを会場として予約しておきます。

この交流会は単に食事会ではなく、参加者が楽しめる工夫があります。たとえば温泉旅行やディズニーランドの入場券、ｉＰａｄなど豪華景品が当たるビンゴ大会は、とても盛り上がります。

また、二〇一四年に、流行語大賞をとったお笑いコンビ・日本エレキテル連合の物まねで会場をわかせたのは他でもない、北川社長です。顔を真っ白に塗って女装で登場した際、だれも社長とは気づかず、お笑い芸人が来たかと思ったというほど、なりきっていたそうです。

●一年の仕事の成果を共に振り返る場

おいしい料理と楽しい時間を共有しながら顔の見える付き合いができる交流会はとても好評です。何よりも、社内外でかかわっている方々と絆が深まる場です。一年間のリフォームを振り返るインタビュー動画の放送は、全社員と協力会社が一年の仕事の成果を振り返るとともに、来年に向けてさらにやる気が膨らむということです。

どんなことにも全力投球で、社員を喜ばそうという北川社長は「社員の笑顔がいちばんです。今後も新しいことに挑戦し、楽しませたい」と話してくれました。

【親睦】

社員と家族が参加するサマーパーティー

毎年七月、全社員とその家族約三〇〇名が参加する「サマーパーティー」という行事を実施している企業があります。

社員とその家族に感謝するために、最高級の会場と料理、さらには各種のイベントでもてなすものです。会場は、徳島でナンバーワンの結婚式場を借り切って開催されます。

この企業は一九二三年創業の西精工(徳島・二三二頁参照)。精密な自動車部品等のメーカーで、社員数は正規・非正規を含め約二五〇名です。

●社員の家族からの要望で、毎年開催

直近の「サマーパーティー」は二〇一五年七月一一日に開催されました。会場の屋内にはコスプレ小道具を揃えた記念写真コーナーがあり、参加者は思い思いに記念撮影をします。また、大広間には豪華な料理がズラリと並んでいます。

美しい庭園となっている屋外では、ヨーヨー釣り、ストラックアウト、輪投げ、スイカ割りなど子供から大人まで楽しめるイベントが用意されています。さらに、係対抗クイズ大会、フ

ォークダンスなどのイベントが繰り広げられ、フィナーレは同社の西社長率いるバンド「フランジセブン」のライブで一番の盛り上がりとなります。開会から三時間、食べたり、飲んだり、遊んだり、歌ったり、踊ったりで心の底から楽しい時間を過ごします。最後に会場駐車場から本格的な花火が打ち上げられ、お開きとなります。

この「サマーパーティー」は、二〇一〇年に同社五〇周年記念パーティーとして開催されたのが始まりです。この時は一度きりの予定だったのですが、社員の家族から「すごく楽しかったから、来年もやってほしい」という意見が多く寄せられたため、毎年開催されるようになりました。西社長のもとには「あまりに楽しかったので、次はいつかって、息子が聞くんですよ」との社員の声が届くほどです。

●社員間の絆が強くなり、意識もレベルアップ

社員とその家族が一堂に会し交流する機会を持つことで、同社の理念である「大家族主義」を実感することができます。そして、毎年開催し続けていくことで、社員間の絆がより強くなると共に意識もレベルアップし、各部署がそれぞれの役割を認識し主体性をもってイベントを企画・実行するようになっているそうです。

【親睦】

社員の家族を招待するフレンチレストラン

ル・クロ（大阪）というフレンチレストランがあります。大阪に三店舗、パリに一店舗、新たに兵庫にも一店舗オープンし、ウエディングにも力を入れています。

アルバイトは雇わず、働く人が全員社員というレストランです。また、一度辞めても「もう一度ル・クロで働きたい！」と戻って来る社員も多くいます。それは同社が「人が主役、人ありき」の経営をし、社員が成長できる環境づくりをしているからだといえます。

同社では、毎月社員の誕生会をしています。そこで誕生日プレゼントとは別に、黒岩社長からハガキが手渡されます。そのハガキは、社員が家族への日頃の感謝を書き添えて贈るためのもので、同社で行われる〝お食事招待券〟の役割も果たします。

●「幸せなハガキ」の到着を楽しみにしている家族

一年に一度、普段はなかなか聞くことのない子供や孫、兄弟からの感謝の気持ちを知ることができ、しかもおいしいフランス料理が楽しめる「幸せなハガキ」が届くことを、社員の家族は大変心待ちにしています。

社員の中には、鹿児島や新潟、青森など故郷が遠い方もいますが、子供が働いている姿を見るためハガキを手にした親が兄弟姉妹などを連れてお店に訪れます。親にとって、子供の成長が見られることは一番の喜びだと思います。

社員自身も自分が作る料理を家族が食べることや、家族に料理をサーブすることは気恥ずかしさもありますが、大変喜んでいるそうです。贈る側も受け取る側も双方が幸せになれる福利厚生だといえます。

●社員の幸せにつながる福利厚生

自分の家族をお店に迎えたときに、一生懸命もてなしてくれる仲間の姿を見ることで、一緒に働く仲間にも感謝が生まれ、自然とチームワークの向上につながっています。

黒岩社長は「福利厚生は、居心地の良いものだけではなく社員の成長につながる動機づけになることが大切です。また、『いつかル・クロのパリ店で働きたい！』と考えている社員のモチベーションを保つためにも定期的なフランスへの研修やフランス語の勉強など、近い将来に投資をしていきたい。社員は今働いている店を大切にしながら、希望もかなうかもしれないということで先のビジョンも見えてきます」と話していました。

【親睦】
社長と幹部がもてなす食事会

外食産業は、人材の定着が難しいと言われていますが、「enjoy eating　fun to cooking. 楽しんで仕事をしよう！」をスローガンに、社員の高い定着率を上げている企業があります。一九二三年に食堂として創業し、イタリアンレストランなど八店舗を経営するマルブン（愛媛）です。「楽しんで仕事をしている姿を体感してほしい！」と、年に一度、社長や幹部が厨房に入り、社員やその家族をもてなす食事会を開催しています。

●社員をもてなす「ラーメンナイト」

同社では、現在一九名の社員と八六名のパートナー（パート・アルバイトスタッフ）が仕事をしています。毎年開催している社内勉強会の後、直営レストランで同社のルーツである食堂時代のメニューの焼めしや、その日特別に用意した特別なラーメンを社長や幹部一〇名程が厨房で作り、店長がホールを担当して社員をもてなす食事会、名づけて「ラーメンナイト」を始めました。以前は、勉強会の後、慰労を兼ねて他の飲食店で食事会をしていましたが、「社員に楽しんで仕事をしてもらうには、経営者自らが熱中して仕事をしている姿を見てもらうのが一番いい。そしてレストランの料理を食べ、おもてなしを受けることで、お客様が感じることを体感してもらおう」と、この食事会をスタートしました。この食事会は、自由参加ですが、ほぼ全員が家族とともに参加。なかには小さな子供もいて、父親や母親が働いているレストランで一緒に食事をすることができるととても喜んでおり、会場には笑顔が溢れています。

●お客様が喜ぶことは何をしてもいい

「お客様に喜んでいただくサービスを提供するには、自分たちが感動を体験し、気付く必要がある」と眞鍋社長は言います。このラーメンナイトでは「社長が料理をつくるところを初めて見た」と、誰もが驚いたそうです。社長自らが、厨房にいる幹部とのやり取りやホールとのコミュニケーションを見せることで、「仕事って楽しい！　食事ってこんなに楽しいんだ！」と実感してもらうことが最大のねらいです。

同社では、お客様が喜ぶことは何をしてもいいと、自主性・創造性を持って自ら考える人財の育成に注力しています。そのために劇団四季や吉本新喜劇の観劇、ディズニーランドに行くなどの体感型研修があるほどです。家族まで巻き込んでのこのイベントは、中でも「楽しんで仕事をしよう！」の理念が最も伝わる機会となっています。

【親睦】

上司とランチミーティングでコミュニケーション

費用を企業が全額負担し、月に一回上司とのなごやかな雰囲気の中でランチミーティングを行っている企業があります。その企業は二〇〇四年設立のチャットワーク（大阪）です。主事業は、企業のＩＴ化の支援、クラウド型ビジネスチャットツールを中心に、企業における業務の効率化の支援で、社員数は三三名です。山本社長は、自身のこれまでの経験から「社員に目を向けた経営」を行い、さまざまな制度を考えて実行しています。

●社員から気軽に、申し出られる

上司との飲食店でのランチミーティングですが、通常の面接・面談では社員の本音が引き出せないということで、この制度が始まりました。社員から上司に話したいこと、相談したいことがあるときに、気軽に申し出ることもできます。なお、ランチミーティングですので時間は一二時〜一三時、上司は社長もしくはナンバー2で、基本的には一対一です。業務ではないので、社員の要望・意見を聞くことをメインとしています。

また同社には、「仕事中の私語を禁止しない」というルールもあり、社員間での会話が多い企業です。IT企業ではありますが、アナログのコミュニケーションを大切にしているところが特長といえます。仕事をしながらも会話が弾むような遊び心のあるレイアウト（アメリカ西海岸の最新オフィスデザイン）や、リフレッシュできる居心地のよいソファコーナーなども設けられており、職場環境づくりに力を入れています。オフィスのレイアウト変更時などには、社員の意見をどんどん取り入れています。

●本音を言って、互いを知る機会に

上司とのランチミーティングは社員からも好評で、社員から上司を誘う姿もよく見られるそうです。「コミュニケーションの機会があることで、意志疎通ができて働きやすい」という社員の声も聞かれます。食事をしながらのコミュニケーションは、リラックスして本音を言いやすい場になるので、互いを知る良い機会になるようです。

【親睦】
社員の「飲みニケーション」を支援

「飲みニケーション」は今ではあまり聞かれなくなりましたが、制度として活用している企業があります。一九九五年創業のクーロンヌジャポン（茨城）です。同社は、一〇店舗の焼きたてパン屋を運営しています。

店舗運営では、働きやすい、楽しい、笑顔あふれる職場づくりが大切で、共に働く仲間との関係が大きく影響します。器用にコミュニケーションを取れる店長もいれば、それが苦手な店長もいます。そこで企業側に何ができるかと考え、費用を負担し、みんなの「憩いの場」をつくることをバックアップすることにしました。スタッフが肩の力を抜き、おいしい食事とお酒を共にしてわかり合える場を持つことで、コミュニケーションを良くし、店舗全員の一体感を持つことを狙いとしています。予算は、毎月「出席人数×二〇〇〇円」で後は割り勘になります。

●ランチやお茶会で楽しく

通常、「飲みニケーション」はお酒を飲みながらですが、同社ではランチやお茶会も含まれます。各店舗で使い方はさまざまで、幹事が毎月みんなが参加したくなる魅力的な企画を立てます。

あるお店では、社員はもちろんパートの方もその子供たちも大勢集まって、おしゃれなレストランでのランチ会を開催しました。一店舗で三九名の参加があり、当然ですがかなり費用がかかりましたが、楽しい時間となったようです。参加率は毎回どの店舗でも七五%を超えており、まさに店舗の社員全員が楽しみにしている人気の福利厚生の一つです。

●年々、風通しの良い明るい職場に

毎月の「飲みニケーション」に加えて、年一回、ホテルの会場を借りてすべての社員とその家族を招待してのパーティーも行っています。その時の総予算は二二〇万円ほどですが、「この効果か、年々風通しの良い明るく楽しい職場になってきていると思います」と田島社長は語ってくれました。

【親睦】

社員一人ひとりに一〇〇以上のほめ言葉をプレゼント

キッチン雑貨のオークス（新潟）では、社員同士がお互いに「感謝しあう」「ほめあう」ことを大切にして実行しています。創業は、一九四六年です。

自分が職場で必要とされている、大切にされているという実感が、他の人を大切にしようという心につながります。自分が感謝されている、認められているという喜びが良い仕事をしようというやる気にもつながっていきます。

同社では、サンクスカードはもちろんのこと、その他いろいろな工夫をしていますが、最も社員に喜びを与えているのが「一人ひとり一〇〇以上のほめ言葉」をプレゼントするというイベントです。

●自分へのほめ言葉がカラー刷りに！

約五〇名の社員が一堂に集まり、佐藤社長がリードしながら「一人ひとりへのほめ言葉」をカードに書き出していきます。全員がそれぞれの顔を見て、それぞれの人のいろいろな行動を思い出しながら書き進めていきます。

佐藤社長も社員のみんなから一一八のほめ言葉をもらいました。「声がデカくて元気いっぱい」「掃除にいつも熱心」「高い理想を持っている」「社員を家族のように大切に思ってくれている」「実行力と先を見据えた直観力がすごい」等々。みんなこんなふうに自分を思っていてくれたのかと、文字で見ると涙がこぼれそうになるそうです。

ある時、その集大成として、みんなのほめ言葉を大きな紙にカラー刷りでまとめました。そして社員一人ひとりにプレゼントしたのです。一〇〇以上のほめ言葉に溢れたシートを渡された社員は、みんな笑顔だったということです。

●友人にも働くことを勧めたい会社

無記名で「あなたは、大切な友人に我が社で一緒に働くことを勧めたいと思いますか?」というアンケートをとりました。驚いたことに一〇点満点のうち九〜一〇点をつけた社員が六〇%でした。七点以上は八三%です。ほとんどの社員が自分の会社を誇りに思っているのです。

オークスの企業ビジョンは「社員満足度日本一の実現」です。満足度の高い社員たちは、自分だけでなく、企業もお客様や地域の人たちに「感謝の言葉、ほめ言葉」をもらえるようにしようと思います。「愛社精神を持とう!」と言わなくても、みんなが自分の会社を愛して頑張るのです。

【親睦】

社員同士で渡し合うクレドポイント制度

リラク（東京都）は、首都圏でリラクゼーションスタジオを一六〇店舗（二〇一五年七月現在）展開しています。同社は、江口康二氏により「愛と思いやりに溢れた社会の実現」を企業理念に二〇〇〇年七月に創業されました。江口社長は「for me」ではなく「for you」の社会をつくることをリラクの経営を通じて実現すると宣言しています。ですから、そういうハートをもった社員を育てていくことが経営目的そのものだということです。

●ポイントを貯めて、ハワイへ行こう！

クレド（経営理念）を、人を大切にする経営の実践に役立てている会社が増えつつありますが、同社の活用の仕方がユニークです。それはクレドポイント制度というものです。社員に発行された社内通貨のクレドポイントを、いいと思った相手の行動に対して付与しあうのです。

クレドポイントは毎月五ポイントが全員に付与されます。「クレドに相応しい魅力的な行動だ！」と感じた時に、「ありがとう！」という感謝の気持ちを込めてクレドポイントを渡していきます。渡すポイントの数は、自分の感謝レベルに応じて任意に決定してよいとされています。

他の社員からもらったクレドポイントは蓄積され、景品と交換できるようになります。一〇〇ポイント貯まるとディズニーランドまたはディズニーシーのファストパス付ペアチケット、二〇〇ポイントでザ・リッツ・カールトン東京一泊二日ペア宿泊券、そして、三〇〇ポイント貯まるとハワイペア旅行券（三泊五日：航空券および宿泊費相当分）をゲットできるのです。

ドル紙幣を模したクレドポイントカードの裏にはメッセージが書けるようになっていて、サンクスカードの役割も兼ねています。景品と交換した後も手元に残るので、他者から称賛された言葉が貯まり続けていきます。社員はこれを宝物のように大切にしているといいます。

●社員を管理するのではなく、支援する会社

江口社長は創業以来、売上やノルマのことを言わず、社員を管理するのでなく支援する会社づくりを貫いてきました。曰く「人間は生産性を上げるためや、ノルマを達成するために生まれてきたわけではなく、幸せになるために生まれてきました。雇用を増やし、仕事を通じて魅力的な人材をつくり、その人材が家庭に帰って食卓を明るくする」。現在、平成生まれの社員が三分の一を占めています。若者たちが生き生きと主体性をもって働く職場づくりが確実に進展しています。

【親睦】

海外で難民視力支援活動を行うメガネ店

富士メガネ（北海道・六八頁参照）は一九三九年創業、社員数五二六名の小売店です。一九八三年に創立四五周年の記念事業として、難民キャンプを訪問し、難民の視力検査を行い、一人ずつに適切なメガネを選んで手渡す活動を始め、以後毎年行っています。活動期間中は参加している社員の家族へ、毎日リアルタイムでの現地リポートをメール配信したり、社内掲示板でも更新したりしています。

また、年六～七回社内報「歓喜」を発行し、希望する社員の両親や家族に郵送しています。社員の活躍ぶりを読むことで、同社で働くことに家族が理解を示し、支持してもらい、社員は仕事に専心できるのです。

●社員の生き方にも大きな影響

「人々の健全な視機能向上と見る喜びに奉仕」という社是に基づき、「見る喜びを一人でも多くの人に」と難民キャンプで活動しています。これまで三三回のミッションで、四カ国（タイ・ネパール・アルメニア・アゼルバイジャン）の難民・国内避難民に寄贈したメガネ（新品）は計一四万五三六四組（二〇一五年六月末現在）になります。社員の参加者数は延べ一七一名です。ミッションがあった時には、社内報の特別号が発行されます。難民の人々にとって、メガネは高価で手に入れることができません。彼らがメガネをかけ、「目が見える」と涙を流し、「ありがとう、ありがとう」と感謝してくれる現地の状況などが掲載されます。この活動は、社員の仕事に対する意識や、人間としての生き方、使命感に大きな影響を与えています。また、その活動を詳細な社内報で読むことで、他の社員も感動し、共感し、同社で働く喜びを得られるのです。

●顧客のリピーター率の高さにつながる好循環

「海外難民視力支援活動」の功績が国際的に認められ、二〇〇六年一〇月に日本で初めて難民支援のノーベル賞とも言われる「ナンセン難民賞」を受賞しました。海外支援は社員の誇りとなり、より高度な専門性と技術力の習得意欲につながっています。その結果、顧客のリピーター率の高さという好循環のサイクルとなり、同社の業績向上に結び付いているのです。

【親睦】

社員の働く姿を家族にDVDレターとしてプレゼント

社員と家族との「輪」づくりのために、家族向けのDVDレターを作成し、家族にプレゼントしている企業があります。一九五四年創立、総合建設業のカナツ技建工業（島根）で、社員数は二一五名です。

DVDレターの内容は、社員自ら家族に向けて仕事の内容を解説する場面、朝礼、職場での仕事の様子、愛妻弁当を食べている姿、一緒に働く仲間たちのコメントなどで、最後には社員が家族へ向けて感謝の言葉をカメラ目線で伝えます。社員の家族に向けて情報を発信することで、企業と業務に対する家族の理解を深めてもらうために考えられたものです。

●小学校六年生の娘が、見直してくれた

DVDレターは、妻や子供への情報発信を希望する社員のために作成されています。社員が同じ職場の仲間のために撮影し合い、編集までしています。プロではないので手づくり感が出ますが、逆に温かい作品となり、喜ばれています。完成すると、社員の家族宛に部長の手紙を添えて、同社からサプライズで贈られます。社員からは、「自分の仕事姿が記録に残せてよかった」「作業現場の様子を家族に説明できてよかった」という声が届いています。結婚する社員には、結婚式用にアレンジするといったことも行われています。

社員の家族からは、「四歳の子供が喜んで何回も見ている」「お父さんの仕事について未知な部分があったが、業務内容が理解できてよかった」「自分宛（妻）に届いたのでびっくりした」他にも「編集がすごい！」「部長の手紙に感動した」など多くの感想が寄せられています。

土木部の社員の家族からのお礼の手紙には「小学六年生の娘が多感な年頃になり、少しお父さんを疎ましく感じるようになっていましたが、働く姿を見てお父さんの凄さを感じることができたと思います。皆様に感謝の気持ちでいっぱいです」と書いてあったそうです。

●行動や言動を意識して、仕事に取り組む

社員の感想やお礼の手紙から、ＤＶＤレターの目的である社員と家族の「輪」づくりは達成しつつあると思います。その他のうれしい効果は、本人が「人から見られながら仕事をしている」ことに気付き、行動や言動を意識して仕事に取り組むようになったことです。

金津社長は、「ご家族に喜んでいただけて社員の成長にも役立っているし、今後も子供のいる社員や新婚の社員などに向けＤＶＤレターは続けていきたい」と話しています。

【親睦】
家族が会社を見学する「天晴カーニバル」を開催

子供が通う学校へ親が授業を見に行く授業参観は日本全国で行われていますが、その逆で子供が親の職場を見学する「子供参観日」を実践している企業があります。天彦産業（大阪・五六頁参照）も、その一つです。

二〇〇七年に企業内の社員投票で選ばれた代表社員五名から提案があり、第一回「子供参観日」が開催され、二〇〇八年の二回目は「家族参観日」に、近年では「天晴カーニバル」と名称を変え、毎年八月に社員の家族を企業に招き、職場見学だけでなく一緒にゲームをしたり、食事をしたりして社員間のコミュニケーションや、社員の家族と企業の距離を縮めることを目的として開催しています。

このイベントは毎年八月の第一土曜日、子供たちの夏休みに合わせ開催しています。三〇分程度の社長挨拶の後、テーマに沿った企画でイベントが進行します。二〇一四年のテーマは〝団結〟、二〇一三年は〝絆〟というテーマで行われました。

社員からは「準備が大変だ」という声もありますが、参加されたご家族から感謝の言葉をたくさんいただいていることと、「次回も参加します」とうれしい声をいただいているため、今日まで続けてこられたということです。

●景品の豪華さを、社員が心配する

イベントの目玉として景品が当たるくじ引きが行われますが、その豪華な内容に、リーマンショックの時には「世の中が大変な状況なのに、これほどの振る舞いをして会社は大丈夫なのか」と心配された社員の家族もいました。「それほどまでにこの企業を社員の家族が思いやってくれていることを大変喜ばしく思います」と樋口社長はうれしそうに語ってくれました。

●社員の家族が会社をより理解してくれる

もともとは、社員同士のコミュニケーションの一環としてスタートした制度でした。しかし、このイベントを開催することで、子供の成長がわかる等、社員の家族間の交流ができて、より一層つながりが深まり、また社員の家族が会社をより理解してくれるなど、予想以上の効果が出ています。

【教育】

海外留学支援制度で人生の目標を応援

海外展開を視野に入れた人材育成に取り組む企業が増えています。その中で、一般的な海外留学のスタイルにとらわれず、「世界を一周して、その土地の人々と触れ合ってみたい」という若手女性社員Aさんの目標を応援するかたちで、四カ月間の自由な海外経験を支援した企業があります。

この企業は、一九六六年創業の沢根スプリング（静岡・一五八頁参照）です。「特殊バネ一本でもつくります」「世界最速工場」をスローガンに、創業以来毎年業績が伸び続けているばねの総合メーカーで、社員数は五三名です。

同社では過去、海外の企業に技術指導を行ったり、海外からの研修生を受け入れたり、海外の展示会にも積極的に出展しています。

今回の海外留学支援では、「就業規則でしばる時代ではない」という社長の考えのもと、四カ月間の休職期間中、派遣社員を一人雇用することで業務をカバーし、Aさんの高校生のときからの人生の目標を支援しました。

●「休職して海外へ行きたい」相談に、即オーケー

「休職をして海外を回りたいんです」Aさんが思い切って社長に相談したとき、沢根社長はその場で即決オーケーを出されたとのことです。「社長、お話があります」と言われたときは、結婚退職かと覚悟を決めたそうですが、海外に行ってもまた四ヵ月で戻ってきてくれるのならば、とむしろほっとした気持ちだったとのことです。

「若い女性の一人旅は何かと心配でしたが、空港への見送りのときに彼女のご両親とも会うことができ、また行く先々で、Facebookで元気な様子を見ることができたのは、とても嬉しいことでした」と、沢根社長は語ってくれました。

●今後は、海外留学を制度化へ

今回のケースでは、四カ月かけてメキシコ、ペルー、ボリビア、チリ、アルゼンチン、モロッコ、ヨーロッパ、イランなどを回ったそうで、帰国後は全社員の前で報告会も開催されました。海外に行ったAさんは、この体験をきっかけにTOEIC受験に意欲が湧き、業務の目標とご自身の人生の目標との接点ができました。「海外留学支援をしたのは、これまでAさんだけですが、今後も要望があれば支援していきたい」と沢根社長は言います。今後の同社の海外展開に向けて、Aさんはじめ社員の方々の意欲向上が、ますます期待されています。

【教育】

学会の参加費用をすべて負担

情報技術者にとって、日々進化する技術革新に対応していくための自己研鑽は欠かせないものになります。しかし業務が優先される中で、勉強や自己啓発を業務中に推奨する企業は多くはありません。

また、そういった情報や技術力を磨く学会への参加も個人が費用を一部負担したり、回数制限があったりするのが一般的です。

しかし、学会への参加費はもちろんそれにかかる費用をすべて負担し、さらに学会参加は業務とみなしている企業があります。

その企業はバイタルリード（島根）です。交通に関するシステム開発やコンサルティングを行っており、その技術力は国内でトップクラスです。社員数は三七名、創業は一九九八年です。

●仕事をしながら博士課程で学ぶことも

Aさんは同社に入社したきっかけの一つとして「業務に必要な知識、考えを持つための学会やセミナーへの参加等、勉強する環境が充実していた」と語ります。仕事をしながら大学院の博士課程で学ぶことも視野に入れていますが、その点についても「博士課程で学ぶということに対しても、企業は学会への参加をすべての面で応援してくれるのはとてもありがたいし、いろいろなメリットがある」ということです。

学会への参加や発表で、社員自身のモチベーションアップはもちろん、個人のキャリアの育成にも大きく役立っています。

●交通に関する技術力で、日本トップクラス

二〇一五年は延べ一〇名以上の社員が学会に参加し、発表も行っています。通常、学会というと業務経験の長い発表者が多くいますが、ここでは二〇代、三〇代の社員がさまざまな学会に参加し、発表することで、大きな自信につながっています。

こうしたこともあり、今や交通に関する技術力は日本でもトップクラスであり、「受注において大手企業と競合してもほとんどの仕事がとれている」と言います。

ここ五年で社員が倍増し「さらに社員が学びやすい環境を提供していきたい」と森山社長は語ってくれました。

【教育】
毎日の朝礼後ミーティングで、一人ひとりの能力向上を目指す企業

企業は、その目標達成のために、さまざまな社員教育を実施しています。特に大企業では、年間の教育スケジュールを作成し体系的に実施していますが、組織規模が小さくなればなるほどそれは難しいのが実態です。

こうした中、社長以下、管理職が一体となり小規模組織の特性をうまく生かして社員の能力向上を図っている企業があります。トイレブースの設計・施工・販売を行う△□○《ミヨマル》（広島）です。一九七四年八月設立、社員数三五名、売上一〇億円の企業です。

同社では、営業、事務、施工の部門ごとに、毎日の朝礼後に三〇分程度の部門別ミーティングを実施し、前日の業務で発生したさまざまな問題や課題を検討し改善しています。中でも、担当者一人ひとりの技術、能力を向上させることに重点を置いています。同社ではこれを社員教育と位置づけています。そこには売上目標の押しつけや組織の圧力はありません。「社員一人ひとりの成長こそが目標」と考えているからこそ、毎日のミーティングに時間を割けるのです。

●障がいをもった社員も勤続三〇年

同社は、一九八〇年頃、事業の拡大期に製造人員の募集が追いつかない時期がありました。その際、社員に息子さんを連れてきて働いてもらうことになりました。その青年は、無口でしたがとても真面目によく働いたそうです。数カ月後、工場長は、その青年が障がいをもった方だとわかったそうですが、一緒に働く社員も、彼の働きぶりに何の異論もなくそのまま働き続けてもらうことにしたそうです。当時の工場長は、「一人ひとり丁寧に教えてあげれば必ず人は成長する」とその時に気づいたそうですが、その文化が現在にも継承されています。彼は健常者以上の能力を発揮するポジションを任され、今なお元気に働いています。先日、大きな祝福の拍手の中、正社員として勤続三〇年の表彰を受けました。

●五年で経営目標を達成

このような取り組みの成果から、同社は、リーマンショック後に一時は売上や利益が落ちたものの、ここ五年間で売上・利益とも経営目標を達成させ、数年は離職者もいません。また、七年前に創業社長から二代目社長に経営がバトンタッチされましたが、中国・九州地方で、地域から信頼される企業として事業エリアも拡大しています。

【教育】

読みたい本はすべて企業が購入

読みたい本を業務との関連の有無にかかわらず、ジャンルも問わず、すべて全額購入支援している企業があります。それは南富士（静岡）です。創業は一九四四年、売上高約五六億円、社員数は一〇〇名の企業です。現在の主事業は、総合外装事業（住宅の屋根・外装工事）と、中国を中心とするアジアの国々の眠れる人財を発掘・育成する「頭脳人財」の育成と活用事業です。

●「本の二毛作」で、読み終えた本も活用

現社長である杉山氏が入社当時、二〇名いた社員のうち一三名もが、この企業には夢がないとの理由で退職してしまう状態にありました。このため、みんなが働きたくなるような企業、わくわくするような企業をつくらねば将来はないと考えました。以来、基本理念の中心に「人」を掲げ、「一、人づくり（人を育て、事業を興し、発展する）企業。二、社会型企業（やりがい・お金儲け・社会貢献）。三、人マネしない・されない事業」に取り組み、成長発展しています。

その人づくりの一つが、社員が購入する本の代金を企業が全額負担する「読書のすすめ」です。年間の企業負担は約三〇〇万円になるそうです。しかし、これにより専門書などは高いから購入しないということがないように支援しているのです。また、「本の二毛作」と称し、読み終えた本を、日本語を学ぶアジアの学生たちの勉強に役立てる仕組みにしています。

●本を読む人は、例外なく伸びる

同社では、この制度の効用として、「本を選べる人は、人を選ぶことができるようになる」「一枚のレポート（購入申請書）を書くことは、まとめる力や余分なものを捨てる力を鍛えることができる」「人との出会いの数には限界があるが、本との出会いの数には限界がないため、本を読む人は例外なく伸びる」「書店などで今どのような本が売れているかを知るだけでも、時代を見ることができる」ことなどを挙げてくれました。

【教育】

親孝行月間に作文を書く

わかっているのに、なかなかできないのが「親孝行」です。それを、「親孝行月間」という企業の制度としてスタートさせたのが社員数二七二六名（内パート二二一六名）のサマンサジャパン（山口）です。ビルメンテナンス業務、住宅リフォーム、設備工事、病院内諸業務を請け負う企業です。

同社では、毎年の一二月を「親孝行月間」として、社員それぞれが親孝行を実施し、翌一月中旬までに作文を提出することになっています。今年（平成二七年）で一五回目を迎えましたが、スタートするまでには、一〇年の年月を必要としました。小野会長は、自らの体験談を踏まえて社員に「親孝行」の大切さを伝え続けたそうですが、社員がその大切さを理解し、「親孝行をしなくては」という気持ちが浸透するには何年もかかりました。

●自分のためにする親孝行

若手男性社員の作文に「親孝行は親のためにするものだと思っていましたが、自分のためにするのだと気づきました」という一文がありました。その社員は照れもあって、「会社で親孝行するようにと言われたから」と言って両親にプレゼントを渡したところ、母親は涙を流して喜んだそうです。その姿を見て母親以上にうれしい気持ちでいる自分がいることに気づき、先の感想になったと言います。また、中には、幼少期に施設を転々とし、親への恨みすら感じていた社員もいましたが、自分がこの世に生を受けているという、その一点だけでも素直に親に感謝をしなければいけないという気づきがあったと言います。

第四回目以降は、感動的な作文六〇通を選んで冊子にしています。みんながどのような気持ちで、どのような親孝行をしているのかを共有できます。ここ五年間に提出された作文の数は、年間一八〇〇通を超えるときもあり、冊子に載せる作文の選定者が「ハンカチを握りしめて読ませてもらいました」と言っていたのが印象的です。

●「頼むからあの企業にしたい」と言ってもらえるように

この制度を通じて、「親孝行」は生きる上での原点であることに気づく社員も多いと言います。守政社長は、「親孝行を含めた『人づくり教育』を通して、企業を『人間力』の高い人の集団にしていきたい。そして、今後のビジョンとして『光り輝く人が集まる集団』にしていきたい。それができれば、『頼むからあの企業にしたい』と言ってもらえるようになり、社員が『明るく豊かな人生』を送ることができるようになるはずだからだ」と熱く語ります。

【教育】
毎年、年齢に応じた「教育補助金」を支給

社員がやる気を失い去っていく会社もある中で、五〇代、六〇代でも教育補助金が出るなどで社員満足度が高く、離職率の低い企業があります。

それが東海バネ工業（大阪・七六頁参照）です。同社は、一九三四年に創業以来、ばね一本からの超微量生産の仕事を引き受け、一貫してばね製品を製作し、七〇年以上黒字経営を続けています。東京スカイツリーの世界一高い自立式電波塔を守る制振技術を支えるばねを製造したのが、社員八五名の同社です。

同社には、社員の自己啓発を応援するための「教育補助金」があります。この制度は、二〇代二万円、三〇代三万円と、年齢に応じた金額が毎年支給されます。五〇代、六〇代であっても正社員であれば、年齢に応じた金額以上の金額が支給される場合があります。この補助金は、仕事に関係のない資格を取るのに使ってもよいそうです。

●プラチナ賞の認定者を輩出

ばね関連資格には、国家検定の線ばね、薄板ばね、金属熱処理があり、このうち二つで一級

技能検定試験に合格すると「優良ばね製造技能者金賞」に認定されます。同社では、この金賞に認定されると、自ら腕を磨いたことへの報奨としてアメリカ旅行へ行くことができます。さらに、三つの一級技能検定試験にすべて合格すると「優良ばね製造技能者プラチナ賞」に認定されます。日本ばね工業会でこの賞が創設された二〇一三年度のプラチナ賞認定者一一名全員が同社の社員でした。その後も毎年プラチナ賞の認定者を輩出し続けています。同社では、その栄誉をたたえて、プラチナ賞に認定された職人の手形が、同社の豊岡神美台工場内にあるレンガ造りの「啓匠館」に飾られています。

●全社員の学習意欲が高まる

毎年、全社員に教育面談を実施し、年間に受講する外部研修や受験する資格などを決めます。常に自己啓発や資格取得について考えることで、自己成長のために努力する習慣が身につき、学習意欲が高まっているそうです。

渡辺社長は、「今後も、手間ヒマかけたモノづくり、職人を用無しにしないモノづくりを大切にし、手づくりの素晴らしさを伝承していくためにも、ＩＴ技術を的確に活用してお客様に満足を提供していきたい」と語ってくれました。

【教育】

毎月、お茶とお花のお稽古を開催

その店は、足を踏み入れると女性スタッフ全員が「いらっしゃいませ！」と気持ちよく声を掛けてくれて本当に心地よく感じます。たこ満（静岡）は、郷土菓子や和洋菓子の製造販売を主とする会社です。

同社は、ふだん使いのデザートから、お誕生日、記念日のお礼や贈答までを扱う、地域密着型の店を展開しています。お客様の層が幅広く、店内を訪れた少しの間にもお年寄りや男性の方が気軽に足を踏み入れていました。

スタッフへの教育の一環として行っているのが、社長夫人が教えるお茶とお花です。三六五名いる社員のうち、九〇％は女性であり、接客の基礎としてのお茶とお花を学ぶことで、サービスの心を育んでいます。

●細やかな心遣いが自然に育まれる

お稽古は、月に三回開催されます。三回のうちの一回は参加できるように、勤務のスケジュール調整がされています。生けたお花は店に飾られます。店内は常に季節を意識した飾り付けをしていますし、お菓子も季節を表しますから、飾られる花も重要な役割です。花が枯れていないか、水は足りているかと細やかな心遣いも社員の間に自然と育まれていきます。また、お茶のお稽古に使用するお茶菓子は同社の製品です。社員がゆっくりと自社の商品を口にする時間を持つことで理解が深まります。お客様への商品のご案内の確かさも、ここから生まれます。

●居心地の良い職場から、優しい接客へ

社長夫人は「地域でいちばん居心地がいいと言われるお店にしたい」という思いから、お稽古を始めました。茶室では、他の店舗の社員と時間を共有しますが、このゆっくりとした時間を通じて、社員同士に信頼関係ができるそうです。お店に一歩足を踏み入れたときの、社員の笑顔の源はここにあるのではないかと感じます。

「一人ひとりのお客様の満足と、一人ひとりの社員の幸せ」を大切にしている同社ならではの取り組みです。社員が満足しながら働くことで職場が居心地の良い場所となり、優しい接客と心遣いへつながっているようです。

【教育】

退職時に社員文集をプレゼント

「一、会社を永続させる。二、人生を大切にする。三、潰しのきく経営を実践する。四、いい会社にする。五、社会に奉仕する」。以上の項目を経営理念に掲げているのが、沢根スプリング（静岡・一四四頁参照）、一九六六年創業、社員数五三名の企業です。同社はばねのメーカーで、医療研究用マイクロコイルという内径わずか〇・一六ミリのコイルを製造できる高い技術力があります。また、通信販売に力を入れており、受注した商品を、当日発送するというスピード納品を実施しています。

今から三〇年ほど前、経営理念にある「人生を大切にする」の実践のため、幹部の人たちが文章を書き始めました。その後社員にも波及していき、現在では関連会社のサミニや石本でも実施しています。仕事以外のことでも家族のことでも内容に規制はありません。「やらまいか文集」として年に一度発行しています。

退職の時には、社員の入社当時から退職までのその人の文章だけを抜粋して小冊子にしたものを贈呈してくれます。それは自分の人生の軌跡とも言える、非常に貴重なものとなっています。

●社員一人ひとりの成長がわかる

Aさんは高校生の頃から「いつか世界一周旅行をしたい」という夢を持っていました。同社に就職し五年たったところでその夢を社長に相談し、ついに四カ月の休職の許可を得てその夢をかなえました。帰国後、Aさんは旅行での経験を文集に書き、それを読むことで他の社員は、彼女の違った一面を知ることができました。

このように、文集を読むことで社員一人ひとりが毎年どんな変化をしているのか、成長しているのかを知ることができ、コミュニケーションの向上にも役立っています。

●社員の家族にも会社をわかってもらう

「『ゆとり』と『幸せ』実現企業」を目標に掲げて経営をしている沢根社長は、文集を通して社員の家族にも同社のことを理解してもらいたいと思っています。

【教育】

改善提案には、必ず奨金を支給

「改善提案制度」を設けている会社は多数あります。しかし、一年間に支払われる奨金額が一人当たり平均一六万円にもなる会社はそうはありません。

一九八五年に創業したタニサケ（岐阜・一六八頁参照）は「ゴキブリキャップ（ごきぶりだんご）」を主力製品とした製造業で、社員数は三三名です。会長の松岡浩氏は創業前にスーパーマーケットを経営しており、店舗のゴキブリに悩まされていました。そのとき「ゴキブリだんごが効くらしい」という噂を耳にし、試したところゴキブリがいなくなったのです。この効力に驚き、発明者の谷酒茂雄氏と起業しました。

当時、ゴキブリだんごは知名度もなく誰でも作ることができるものでしたから、これを売るために米屋さんや酒屋さんなど、家庭の勝手口から入れる業者さんに協力してもらいました。新聞記事の投稿欄やマスコミ・雑誌も活用して知名度アップをはかりました。同社はこのように知恵を絞って業績を伸ばしてきたのです。今では継続的に売上高経常利益率二〇％以上を保つ企業に成長しました。この背景にあるのが「改善提案制度」なのです。

●提案六〇〇件、奨金八〇万円

この制度は、とにかく提案を出してもらうことに意義があると考えており、絶対に肯定することを心掛けています。奨金は一件当たり最低三〇〇円、最高額は二万円です。

Nさんは三年連続で改善提案数トップです。Oさんは年間に六〇〇件の提案をして、八〇万円もの奨金を受け取ったことがあるそうです。

改善提案の知恵は、一、二個なら出ても、なかなか多くは出るものではありません。同社では、それを長年続けている社員がいるということですから驚きです。

●「知恵無限・改善無限」

改善の効果により、同社は残業がほとんどありません。毎日八時に仕事をはじめ一七時には退社しています。経常利益率二〇%以上は社員全員の働き方の改善によってもたらされているのです。

松岡会長は「知恵無限・改善無限」と話してくれました。改善はすればするほど愛社精神が高まり、考えることが楽しくなるそうです。そして、改善を出し続けるその奥には「改善提案数は上司の徳に比例する」という会長の経験則に基づく真理があるのです。

【教育】

多種多様な表彰制度

社員の帰属意識やモチベーションを高める仕組みの一つが表彰制度です。この表彰制度を上手に活用して社員の帰属意識やモチベーションアップを図っている企業があります。その企業はきのとや（北海道）です。同社の主事業は、洋菓子の製造販売で、創業は一九八三年、社員数は三五〇名です。

同社の表彰制度は「最優秀・優秀改善提案表彰」「永年勤続表彰」「ヴァンドゥーズ認定試験合格表彰」「おほめカード獲得賞」「ケーキコンテスト表彰」「優秀店舗賞」「新人賞」「最優秀社員賞」そして「皆勤賞」など多彩です。

このうち「最優秀・優秀改善提案表彰」は自由に意見が出やすいようにと実施している制度で、優秀提案「提案賞」に採用されると一件五〇〇〇円が贈られます。全社員の提案数は年間四〇〇〇件を超えています。「ヴァンドゥーズ認定試験合格表彰」は洋菓子販売員試験の合格を表彰するものです。「ヴァンドゥーズ」とは、高度で幅広い知識と専門の技能を持ち、おもてなしの心で洋菓子をお客様にお届けするプロフェッショナルのことです。

表彰は、毎年六月に行われる経営計画発表会後の懇親会で全社員の前で発表され、同社の長沼会長が表彰します。「皆勤賞」は社員の三分の一以上の約一三〇名が対象となりますが、対象者全員の名前を呼んで全員がステージに上がるそうです。

●「お祝い金」で家族と温泉へ

「優秀店舗賞」を受賞した店舗では、賞金を使って全スタッフで食事会などを行っています。「ケーキコンテスト表彰」の副賞には国内研修旅行がついています。

「永年勤続」の表彰では、お祝い金が支給されます。「勤続二〇年表彰」を受賞した商品企画室のSさんは、母親に長年の感謝を込めて、お祝い金の半分を贈り、残りで家族と温泉に行きました。母親をはじめ家族が大変喜んでくれたそうです。

●一三〇万円の費用で、社員のモチベーションアップ

この制度の実施には毎年一三〇万円以上の費用がかかりますが、頑張れば自分も表彰されるということで、社員のモチベーションアップはもちろんですが、社員と企業との絆が強くなっているようです。長沼会長は「社員の成長とともに成長する企業を目指していきたい」と語っています。

【教育】

地域活動手当の支給

多くの人々は、仕事に加えて地域住民としての役割を持っています。職場での日常業務が忙しい人々は、日ごろお世話になっている地域にもっと役立ちたいと思っていても、限られた時間ではその両立は困難です。

「まち・ひと・しごと創生」を政府で取り組んでいる中、自治会の会長や役員、地域防災に携わる消防団員、学校のPTA役員、スポーツチームの監督など、多くの社員が地域社会で力を発揮し、継続的に地域貢献活動に参加することがますます重要になってきています。

こうした中、社員に対し地域貢献活動を積極的に担うことを推奨し、その活動について全社をあげて後押ししている企業があります。その企業は明太子の製造・販売のリーディングカンパニーのふくや（福岡）です。社員数は約六三〇名、創業は一九四八年です。

●PTA会員には、毎月手当て支給

同社は地域貢献活動に熱心な企業として広く知られていますが、社員個人の地域活動も支援しています。その一つが、事前に申請すれば勤務時間内での活動が認められ、地域活動手当も

支給される制度です。

たとえば、社員が住んでいる地域の自治会の役員や、子供が通学している学校のＰＴＡ役員になれば、その役職により毎月本人に一〇〇〇円から五〇〇〇円の手当が支給されます。毎年約二〇名の社員が、地域のさまざまな団体の会長や副会長の役員を務めているそうです。

数年前に定年退職をした能塚さんは、子供が通学する小学校で三年間、高校で三年間の合計六年間、ＰＴＡの会長を務めました。「会長になると、毎月五回から六回程度、昼夜を問わず会合があり、社内の重要な行事などと重なることがしばしばありましたが、この制度のおかげで両立することができました。定年退職した今は、一個人として地域社会に自然体でとけ込むことができています」と言います。

●地域に深い人脈を形成

川原社長は、「社員が地域活動をしやすくすることで、地域のさまざまな団体のお役に立つことができます。また、社員は地域に深い人脈形成ができるばかりか、役員を務める過程の中でリーダーシップも学ぶこともできます」と語ります。

【生活】

ユニークな独自年金

退職したら社員は企業とは縁遠くなるものですが、その絆をしっかりとつなぎ止めている企業が小松製菓（岩手）です。社員二四〇名の中堅企業です。

一九四八年に小松シキさんが奉公や行商などをして夫婦で始めた小さなせんべい店でしたが、今や南部せんべいの代名詞ともいわれるほどの企業に成長しました。創業者のシキさんは、「受けた恩は順送り」を座右の銘に、赤字覚悟で定年後の社員の受け皿として「四季の里」というレストランをつくるほど、社員を大切にしました。その精神は四代目の現小松社長にも引き継がれています。

同社が社員との絆をつなぐ仕組みが、独自の「小松年金」という制度です。これは社員が積立てるのではなく、勤続年数二〇年以上の社員が六〇歳になった時に同社が社員の貢献度に応じて全額を拠出してプールしておくものです。

その渡し方がまたユニークです。会社が夏冬の年二回、「四季の里」に元社員を招いてもてなします。その際には、企業の現状や今後の計画などが報告され、様子を知ることができます。そして集いの最後に、一万円から四万円までの年金が手渡しされるのです。通常は退職後二、三年すれば企業と元社員との関係が縁遠くなるものですが、この制度のおかげで八〇歳の年金支給完了時まで絆が続きます。なお、万一、八〇歳までにご本人が亡くなった場合は、ご家族にプールした残額が支給されます。

●OBの生きる糧となっている年金

年金受給者は年々増え、今では四〇名を超えるそうです。『四季の里』では収容しきれなくなる」と常務の日向さんは心配しておられますが、それくらい集まりがよく、まるで同窓会のような楽しい一日となります。「次もまた会おうね」と、再会を約束するこの集いは、同社OBの生きる糧になっていると言っても過言ではありません。

●地元の評判抜群で、採用困らず

八〇歳まで社員との絆が続く企業が、地元の評判が悪いはずはありません。この地方も人手不足で採用が難しい状況ですが、大学卒も含め採用に困ったことはありません。また、繁忙期にはOBの方々が進んで手伝いに来てくれるそうです。シキさんの座右の銘「受けた恩は順送り」は、同社に今も生きているのです。

【生活】

親孝行手当・家族感謝手当を支給

「親孝行をしたい。家族に感謝を示したい」と思っていても、なかなか行動に移せないものです。そのような社員のために毎年四月を親孝行月間として「親孝行手当」「家族感謝手当」を支給している企業があります。

その企業はタニサケ（岐阜・一六〇頁参照）です。同社はゴキブリ殺虫剤やネズミ駆除剤などの製造・販売を行っており、社員数は三三名です。看板商品の「ゴキブリキャップ（ごきぶりだんご）」は大人気で、年商七億円。売上高経常利益率は、一九八六年の販売開始以来二〇％以上を保っています。

その快進撃の秘密は、普通ならば非公開のはずの「ゴキブリだんご」の製造方法をすべて公開し、製品の素晴らしさを消費者に体感してもらったこと、ならびに社員の知恵や工夫を経営に取り入れ毎年二〇〇〇以上の業務改善を行い、社内の無駄を省いてきたことにあります。

同社は一九八五年の創業以来、社員を大切にする経営である「社員中心主義」を貫いてきました。同社には社員相互の感謝の気持ちを記した「ありがとうカード」や、毎月の「お楽しみ食事会」などの制度が多くあります。「親孝行手当・家族感謝手当」もそのひとつです。

●さまざまに使われる「親孝行手当・家族感謝手当」

「親孝行手当・家族感謝手当」はそれぞれ一万円ずつ、合わせて二万円が四月に支給されます。使いみちは自由ですが、どのように使ったかを報告してもらい、「タニサケ親孝行物語」「家族に感謝」として社内報に掲載しています。エピソードには「両親と一緒に焼肉を食べに行きました。二人とも孫と一緒で喜んでいました」「自宅の仏壇を掃除して、甘いものをお供えしました」「家族四人で回転寿司に行き大満足でした」「夫婦いつまでも健康であることを願ってウォーキングシューズをお揃いで買いました」という喜びの様子が綴られています。

●感謝の心は必ず仕事に生かされる

子供から思いもかけずプレゼントをもらい、涙を流す社員のご両親もいると言います。同社の松岡浩会長は「親や家族への感謝の気持ちは、生きる上での基本となる考え方です。幸せを求めるならば『ありがたい』と感謝をすること。感謝の心は必ず仕事に生かされていきます。社員の笑顔や会話が増え、社風を良くするうえで役に立っています」と話されています。

【生活】

純利益の一％を家族に還元する「決算還元金制度」

社員だけでなく、その家族に感謝の気持ちを伝える企業があります。二〇一三年創業のLe-gaseed（東京）です。「はたらくを、しあわせに」を理念に掲げ、採用活動や職場環境の変革を支援する人事コンサルティング会社で、社員数は一五名です。

同社は純利益の一％を社員の両親、配偶者や子供へ還元する「決算還元金制度」を行っています。これにより、社員を育ててくれた両親や長年応援してくれている家族に感謝の気持ちを示しているのです。

その他にも「家族感謝金」という制度があります。「家族感謝金」は新入社員に初任給と同時に支給するもので、これまで育ててくれた両親に感謝を伝えてほしいという思いを込めて、給与とは別に現金一万円が支給されます。

またこの他に「就職披露宴」という制度もあります。この制度は内定者の入社を祝福するもので、内定者の両親はもちろん、社員の両親や配偶者・子供も招待し、パーティーを開催します。その場で、同社の近藤社長が企業の理念やビジョンを伝え、あわせて過去一年間の経営報告も行います。

●一家庭五万円の商品券を支給

ある年には、「決算還元金」として一家庭五万円の商品券が贈られました。ある社員の家族からは「Legaseed から素敵な宝石をいただきました。社員の皆さまの一生懸命の詰まった金券。もったいなくて、どう使おうかと思っています」との喜びの声がありました。

また別の社員のご両親からは「子供がお世話になっているのに自分たちにもごほうびをいただけるなんて……。これからも会社によりお役に立てるように息子を応援し続けます。いい会社に就職できて息子も私たちも幸せです」という手紙がありました。この手紙を読んで近藤社長は涙したといいます。

●家族が、会社のサポーターに

こうした制度により、両親や家族が「私たちのことも思ってくれている」と感じ、社員の心強いサポーターとして見守ってくれるのです。近藤社長は「企業が発展したら、社員だけではなく、家族にも具体的な恩恵が循環する仕組みをつくりたい」と制度の充実を目指しています。

【生活】

服飾代を現金で支給

制服や作業着を支給、あるいは貸与している企業は数多くありますが、未来工業（岐阜・八〇頁参照）の制服代支給制度の発想は大変ユニークです。同社は、一九六五年創業の建物の電気設備、給排水設備、ガス設備の工事用資材を製造しており、電線などをはめこむスイッチボックスの国内のシェアは七〇％以上、連結社員数は一一五六名です。

インターネット求人サイトの同社の求人欄には、「制服代支給／『制服がダサい』という女性社員の声で、制服を廃止。以後、毎年一万円の服飾代を支給しています。作業服や仕事用の服を購入してもいいし、私服で仕事をしてもかまいません」とあります。

●「現金」なので、自由に使える

創業者の故山田昭男氏は、「なぜ作業服を一律に社員に着せるのかまったく理解ができない」と、二〇年前に廃止することにしました。しかし、社内には作業服を着たい人もいて、それを解決するために「作業服は着ても着なくてもいい」と社員の自由と多様性を認めました。

そこで、自由であることを勘違いしてはめをはずしたファッションの社員も出てくるでしょうが、そんなときは自分で気づけばいい。そういうことを含めて「常に考える！」という同社のモットー（未来イズム）が醸成されるのだそうです。そして、作業服を着る人と自前の服を持ってくる人との間に、不公平感を持たせないために、全員に服飾代として「現金で一万円」を毎年渡すことにしたのです。ちなみに、この「現金」で渡すということがとても大事なことで、「現金ならば、家の人に知られず社員の自由な小遣いになる」という経営者の配慮がなされているのです。

●思い思いのファッションで、明るい雰囲気

服飾代で購入する服は、制服的なものにするのか私服か、また、どのようなデザインにするのかは全て社員に任されていますが、大半は、ジーパンにTシャツだそうです。

社員が毎日思い思いのファッションで仕事をしていて、社内は明るい雰囲気です。

創業者の故山田さんは、「社員がのびのびと創造的な仕事に挑戦してもらうためには、服装も自由でいい」と話していました。

【生活】

新入社員の里帰り交通費を全額支給

社員を大切にする企業は、その家族も大切にします。社員の親孝行を本気で応援する企業があります。それは古田土《こだと》会計（東京・一八二頁参照）です。同社では、毎年四月二一日から五月二〇日を親孝行月間と定め、この期間中に両親に感謝の気持ちを伝えることを社員に奨励しています。

同社は「日本中の中小企業を元気にすること」をビジョンに掲げ、新たなお客様のほとんどを顧客などからのクチコミで獲得し続ける会計事務所として有名です。創業は一九八三年、社員数はパート・アルバイトを含めて約一六〇名です。

●里帰りは「業務命令」

同社が制度化している親孝行月間では、新入社員の里帰りの交通費を全額負担します。就職をして初めての給料で両親へ感謝の気持ちを込めたプレゼントを贈り、謝辞を直接伝えることを推奨しているのです。

この制度で特筆すべきは、企業からの業務命令として行われるところです。新入社員はまず人に感謝すること、親に恩を返すこと、そして人に喜ばれることが最大の幸せであることを学びます。

しっかりと両親と向き合うことで、初めて親への深い感謝の気持ちが芽生えます。ですからその手順までが制度化されています。両親へプレゼントを渡してもいいのですが、代わりに母親の足を洗うということもできます。昨年初めて足を洗った新入社員が出ました。思っていたより小さな足の裏に苦労をかけた母の尊さを思い、これまで育ててくれた感謝を心から感じたそうです。また、お母さんも息子の優しさに今までにないほど喜んでくれたそうです。

●誰にも優しい社員が育つ

この制度は企業が強制しているものですが、社員は口を揃えてやって良かったと言います。感謝の気持ちを正しく伝えることで、同社には誰にでも優しい社員が育っています。顧客に喜ばれ感謝される経営は、このような制度から生まれているのです。

「社員が何と言おうが、これからもこの制度は続けたい」と古田土所長は熱く語ります。

【生活】
社員の家庭を守る臨機応変の支援制度

社員とその家族の生活を守るために、企業は社員の労働に対して適正な給料を支払わなければなりません。では、社員の家族が病気等の理由で長期間働けなくなった場合はどうでしょうか？　企業によってその判断は分かれると思われます。

このような場合に、社員とその家族の生活を守ることの本当の意味を教えてくれる企業があります。その企業はウエマツ（福井）です。同社は繊維素材の染色加工や繊維製品の加工・販売を行う企業で、社員数は四〇名、設立は一九九三年です。上松社長が地元大手メーカーを退職後、仲間数名とともに立ち上げました。

●創業以来、一度もリストラなし

同社の創業は極めて異例です。わが国の繊維工業は、かつては基幹産業でした。しかし、この約二〇年間に国内で新規開業した繊維メーカーはほとんど見あたりません。その状況の中で同社はあえて繊維工業として新規開業したばかりか、設立以来ほぼ一貫して業績を伸ばしています。その秘密は上松社長の設立時の強い決意にあります。

上松社長は、以前勤務していた大手染色メーカーから独立して自分のやりたい方法で染色加工をやりたいと起業したのです。そのとき仲間と話し合ったのが「辞めなくてよい企業、定年まで働くことができる企業」というビジョンでした。この決意から、同社は創業以来リストラは一度も行ったことがないばかりか、社員とその家族の幸福を実現するために徹底して支援しています。

たとえば、ある女性社員は他社で働く夫が職を失ったことにより、生活費が不足するという不安を抱えていました。これに対し、同社は不足分を「手当」として支給し、夫が再就職するまでの約一年間支援をしました。また、ある男性社員に三人目の子供が生まれたときも、社員の生活を守るために臨機応変の措置として二万円のベースアップを決めました。

●一人ひとりの状況に合った手当を支給

上松社長は「社員が安心して働けないといい仕事はできない。今後も社員の豊かな生活に貢献することに変わりない」と言います。

【生活】クリスマスイブにサンタがケーキをプレゼント

社員の誕生日やクリスマスイブにケーキを贈る企業は多くありますが、社長と専務がサンタクロースに扮し、社員宅へケーキを運ぶという驚きの企業が長坂養蜂場（静岡）です。

創業は一九三五年、売上高は五億四〇〇〇万円、三代目社長の長坂氏が率いる同社は、社員数三一名のはちみつ専門店です。

楽しいことも大変なことも、ミツバチのようにお互いを支え合い、分け合い、真の家族のような絆をつくり、社内の温かい雰囲気をお客様、取引先、地域へと広げていこうとする〝大家族主義経営〟を展開しています。

●子供たちが「サンタの本物が来た！」と大喜び

以前は、毎年のクリスマスイブには社員の家へホールのクリスマスケーキを贈っていました。二〇一一年に社長や専務に子供ができ、クリスマスパーティーを行った時に、自分の子供や姉の子供たちのためにサンタに扮してサプライズプレゼントをしたのですが、子供たちが目を丸くして「本物が来た！」と驚き、大喜びしてくれました。

その様子を見た時に、社員の家族やその子供たちにもこの驚きと喜び、そして夢を届けたいと思い、翌年からサンタの衣装を調達してケーキを贈ることをスタートしました。

●家族との時間を大事にしてほしい

クリスマスイブの夜、小学生以下の子供がいる社員（二〇一四年時は七名）の自宅へ、事前に聞いて買っておいたプレゼントとケーキを持って、サンタ姿の社長と専務が訪れます。プレゼントとケーキを渡し、子供たちと一緒に写真を撮ります。心待ちにしている子供たちからサンタへ手紙やプレゼントが逆に贈られたこともあり、家族とサンタに扮する社長・専務にもうれしいイベントになっています。

ちなみに小学生以下の子供がいないスタッフへもクリスマスケーキを贈り、大人になっても家族との時間を大切にしてもらうようにしているそうです。

このクリスマス感謝制度にかかる費用は、毎年一八万円です。大家族主義経営ならではの心温まるイベントで、お互いを思う気持ちが社内全体に広がっていくようです。

【生活】
高級リゾート施設の宿泊支援制度

リゾート施設の宿泊支援制度とは、全国に点在するリゾート施設の運営会社と会員権契約をして、社員の福利厚生施設とするものです。会員権の取得にかかる金額は利用できる部屋の大きさや、そのグレードによっても大きく異なりますが、平均一〇〇〇万円前後です。この制度を早い時期に取り入れた企業が川本工業（神奈川）です。主な事業は空調設備、給排水衛生設備の工事で東北から九州まで事業展開しています。社員数はグループ企業も含め約三〇〇名、創業は一九三〇年です。

●年間五〜六回も高級リゾートに宿泊

リゾート施設業界最大手のリゾートトラスト株式会社によれば、リゾート施設運営会社と会員契約し、利用している中小企業は年々増加傾向にあると言います。

会員になれば、企業が独自で保有するよりも多くの施設が利用できるというメリットがあるからです。また利用者側からみれば、通常では到底泊まることのできない高級リゾートホテルに企業の補助で宿泊できることは大変ありがたくリフレッシュできます。

同社の社員がこの制度を利用するには総務部の担当者に申し込みますが、リゾート施設や施設周辺のそれぞれの情報を十分に把握していて、「箱根を利用した時にはその近くに……があります。京都ではあのお寺に行くといいですよ」と旅行社を上回る詳しい説明をしてくれるそうです。

この制度の企業負担は、社員で一人四〇〇〇円、家族が一人三〇〇〇円、子供が一人一五〇〇円です。つまり夫婦と子供二名で一泊二食の場合、一万円が企業の補助となります。この制度は社内でも大変人気で、多い人では年間五〜六回利用するそうです。

●贅沢な休暇を満喫して、仕事に活力

高級リゾート施設に宿泊し、少し贅沢な気分で休暇を満喫できた後は、仕事に活力が生まれます。家族の絆も深まることでしょう。また、社員から両親にリゾート施設の宿泊をプレゼントすることもあり、大変喜ばれるそうです。

【生活】毎年、社員が贈ってほしい人に花束をプレゼント

「日本の中小企業を元気にする」というスローガンを掲げている古田土会計（東京・一七四頁参照）という会社は、また「一生、あなたと家族を守る」という経営理念に基づき、様々な福利厚生制度を社員に提供し続けています。設立は一九八三年、パート・アルバイトを含めて社員数約一六〇名です。「私たちの夢」と書かれたビジョンは「日本で一番お客様から喜ばれる数の多い会計事務所になることです」とあります。驚くべきことに、古田土所長の席は玄関の正面にあります。常に自分自身が最初にお客様をお迎えし気配りをする姿は、社員を大切に思う気持ちにもつながっています。

その一例が、「感謝を込めた大きな花束」が社員の指定する場所と日時に届けられる制度です。贈られた社員の両親や家族・恋人・友人が幸せな気持ちになることはもちろんのこと、花束の注文を受ける企業にも恩恵があります。

この花の発送元は、「仙台ローズガーデン」社会福祉法人太陽の丘福祉会（知的障害者授産施設）です。知的障がい者が「いのち共歓の思いを込めて育てた」美しい生花が大きな花束となって全国各地に贈られます。障がい者の雇用も応援しているのです。

●花束の大きさにビックリ、そして感動

年の始め、社員は総務へ「今年届けたい指定場所と日時」を申請します。社員一六〇名一〇〇%の利用率です。毎年ですので、総務の事務作業と企業の負担は大変です。それでも、社員の両親や妻・恋人・友人が楽しみにしており、花束が届くと同時に感謝のメッセージカードが企業へ送られる。まさに「社員とその家族に真に喜ばれる企業になる」ことの象徴です。この制度は入社後一年で利用できます。入社一〇年目の社員は、最初に花束が届いた時は「あまりの大きさにビックリし、今も贈られた花に感動する」と言います。届いた綺麗な花束は「人を笑顔」にし、幸せと感謝も同時に贈り、社会にも貢献する「四方よし」の制度です。

●社員の安心感が顧客に伝わる

「一生あなたと家族を守る」ことを企業が全社員に約束していますから、社員は安心して働くことができます。そして、その安心がお客様へ伝わるという感謝の循環が始まります。

【生活】

社員の不動産購入をプロがアドバイス

経営者自らが社員のために資産形成や人生設計について、プロとしてのアドバイスを行っている企業があります。この企業は、近藤クリニック（千葉）という病院です。具体的には土地、戸建、マンション等の不動産購入に関するアドバイスです。

同医院は一九七四年に、現院長の近藤先生と事務局長である夫人で開業しました。地域に密着した質の高い医療を提供し続け、創業四一年目を迎えました。指導医・専門医など二三名の医師が勤務する、外来専門の病院です。

●女性社員の持ち家比率七三%

ここで不動産取得に関してプロのアドバイスをしているのは事務局長、つまり院長夫人です。学生時代に夜間の不動産専門学校に通い、宅地建物取引の資格を取得しました。職員からは「不動産購入のためにどのようにローンを組んだらいいのか？」「住宅ローンを繰上げ返済することで、金利はどのくらい浮くのか？」「戸建の場合、高くても角地の物件を購入した方がいいのか？」等、さまざまな相談が寄せられています。事務局長は「土地・不動産を購入することは、今後の人生の発展につながる。女性職員も将来、夫や父親に何かあっても家さえあれば、残された家族は何とか生きていける」と考え、不動産購入を職員に勧めています。驚くことに、医院の女性職員の持ち家率は七三％です。

同医院は長く勤務している職員が多いため、住宅ローンも組みやすいようです。患者さんも親子四代など代々通院している方が多く、この病院の持つ社会的信用、信頼も大きいと思います。

●不動産購入で働くモチベーションアップ

不動産を購入することで、職員も働くモチベーションが上がります。「不動産は高価な買い物になるので、当院のスタッフは無駄遣いをしません。皆さん堅実に、毎日笑顔で明るく生きています」と院長夫人は楽しげに語ります。

【生活】

社宅は古民家活用、「まち」づくりで暮らしやすさも向上

中村ブレイス（島根・一一〇頁参照）は社員数七五名の義肢装具の会社で、その社屋は、世界遺産に登録された大田市大森町の石見銀山地区にあります。交通は不便で決して暮らしやすい環境とは言えない大森町に、全国各地から若者がこの会社に就職することを目指して訪れます。

中村社長が創業した一九七四年、同町は衰退し空き家が多く過疎化が進んでいました。中村社長はこの町の再生を行うには、若者が就職する場所がなければと考え、ここで起業すると同時に空き家の活用も始めました。また、石見銀山の世界遺産登録にも尽力し、「まち」を保存・活性化し未来につなぐ活動も行っています。

●古民家改修で快適生活

大森町近隣の古民家・空き家を改修し、町並みの保存や活性化にも貢献しています。二〇一五年までに改修した空き家は五〇棟近くにのぼり、そのうち二〇棟が社宅として活用され、約四〇名の社員とその家族が生活しています。その他の建物は店舗や住宅として利用希望者に貸

し出しています。たとえば、旧大森郵便局舎を改修し「世界一小さなオペラハウス・大森座」に、ゲストハウス「ゆずりは」は「世界遺産の真ん中にある、ここちよく滞在する客室」として、歴史と文化の継承をしながら宿泊施設になっています。また、社宅の外観は古い町並みに合わせているため、一見生活しにくいように見えますが、キッチンやバスの水まわりは最新の設備を使用し、快適な生活ができる環境になっています。その他、同社が貸し出している古民家の多くは、県外から若者が居住し町の活性化にも貢献しています。

●町の人口増加にも貢献

大森町の人口は約四〇〇名ですが、なんと、その一〇％の約四〇名が同社の社員です。社宅や独身寮の家賃は安価に設定されているため、社員にはとても喜ばれていますし、この地で結婚し子育てする社員にとっては通勤も便利です。その他、町並みの保存を行うと共に、空き家になった古民家を改修して、住宅や店舗として利用希望者に貸し出すことにより、人口増加にも貢献していますし、豊かな町づくりは社員と家族の暮らしやすさにもつながっています。

【生活】

最長六年間の介護休暇

ここ最近、ワーク・ライフ・バランスという言葉をよく耳にします。work-life balance とは、「仕事と生活の調和」と訳され、「国民一人ひとりが、やりがいや充実感を持ちながら働き、仕事上の責任を果たすとともに、家庭や地域生活などにおいても、子育て期、中高年期といった人生の各段階に応じて、多様な生き方が選択・実現できる」ことを指します。

大半の企業はこの考えのもとに、子育て支援については取り入れていますが、介護支援を取り入れているところは未だ少ないように思われます。

そうした中、介護休暇を最長六年間、その回数に関係なく取得できる企業があります。それはサイボウズ（東京）です。同社は、グループウエアの開発・販売・運用をするベンチャー企業で、一九九七年創業、社員数は三三四名です。

●ライフスタイルに合わせた働き方ができる

青野社長は昭和のいわゆる仕事人間で、働くことが大好きでした。日々猛スピードで進化するＩＴ企業で、土日に休まないのは当たり前の世界です。「ＩＴ企業とはそんなもんだ」と思っていたそうですが、創業九年目で社員離職率が二八％になりました。そこで「社員が辞めない企業をつくろう」と思い、社員の意見を聞いて福利厚生制度を充実してきました。この介護休暇制度が導入されたのは二〇〇六年です。

同社の介護支援は六年間の長期休暇にとどまらず、ライフスタイルの変化に合わせて働きかたを選択できる「選択型人事制度」、定められた時間や場所と異なる働きかたを選択できる「ウルトラワーク」などもあり、介護に限らず育児などを優遇する制度も多数導入されています。

●離職率が二八％から四％にダウン

かつては毎日のように送別会がある企業でしたが、ワーク・ライフ・バランス理念をうまく取り入れいろいろな制度をつくった結果、二八％まで上昇した離職率は、今や四％までに下がりました。同社は制度の策定に際して、トップダウン方式ではなく、ボトムアップ方式で意見を吸い上げ、それを実践するまでのプロセスを社員全員が共有し、認識したのです。社員は上司・社長に「質問責任」を果たし、それに対して「説明責任」を果たすことで相互信頼関係を生み出し、よりよい環境、よりよい企業を目指しています。

【生活】
病気による長期休暇後も、休みながら勤務できる

病気により長期休暇をとった場合、社会保険を利用すれば傷病手当金で一疾病につき最長一年半、給料の六割を補うことができます。これは保険加入者の権利ですが、期間内に複数回休職する社員や、一年半以内に復職できない社員に対して、企業が退職を促すことは珍しくありません。しかし、病欠者への支援制度があるソエル（岐阜）では、欠勤が理由で社員の評価が下がることはありませんし、辞めさせることもありません。

同社は、主にシステム開発を行っている特例子会社で、二〇一二年に設立されました。現在、一〇名の社員が働いており、その内、九名が障がい者です。服部社長自身も難病を抱えており、以前勤めていた企業で、入院で長期休暇が必要になったとき「辞めてください」と言われたそうです。苦労した自身の経験から、「自分が雇用する社員は辞めさせない」との想いで、設立当初からこの支援制度をつくりました。事実、社員の体調が悪くなることは頻繁にあるそうで、長期休暇と職場復帰を繰り返すことが多いそうです。しかし、傷病手当金や障害年金などを利用しながら雇用し続け、彼らがまた戻ってこられる場を提供しています。

●クビになってしまう不安がない

現在、同社では三名の社員がこの制度を利用しており、二回目の休暇を取っている人もいるそうです。服部社長は「体調が悪くなるのは当たり前のことなので、気を楽にして休みを取ってもらいたい」と言います。

この支援制度を利用したAさんは、「以前の企業では、クビになってしまう不安から障がいを隠していました。この会社は休暇も取りやすく、なにより自分を受け入れてくれるので安心して働いています」と穏やかな表情で語りました。また、Aさんの親は、「我が子が無理をして働いているのを見るのは辛い。休んでも働ける場を与えてもらい、本当にありがたい」と声を詰まらせて服部社長に伝えたそうです。

●目先の損得ではなく、長い目で見よう

人財育成の観点から考えると、社員を離職させるというのは損失を生み出すばかりです。障がいの有無にかかわらず、休みながらでも勤め続ければ、社員のスキルアップとともに企業にとって大きな戦力となります。目先の損得ではなく、長い目で見ることが重要です。目の前にいる社員の権利を活かし、大切に思う企業が増えていくことが服部社長の願いでもあります。

【健康】

非喫煙者と禁煙宣言者に手当を支給

企業は社員に対する安全配慮義務があります。受動喫煙の問題もこの安全配慮義務の問題に含まれます。また、健康増進法でも受動喫煙の防止について定めています。また、タバコに含まれるニコチンは依存性物質であり、自力で禁煙することは容易ではありません。近年では禁煙を積極的にサポートする企業も増えています。

ラブリークイーン（岐阜・一二〇頁参照）は、非喫煙者と禁煙者に手当を支給しています。同社は、婦人フォーマルウエアの製造・販売をする企業で、創業一九六四年、社員数二〇〇名、売上高九〇億円です。

●会社の制度のおかげで、きっぱり禁煙

同社では二〇〇三年から「喫煙しない社員」には年間三万円の手当を支給しています。また、入社三年以上で三年間以上喫煙している人が「禁煙宣言」をすると、課長以上は一〇万円、一般職では五万円が支給されます。禁煙宣言者への手当は、全社員が集まる朝礼で渡されます。しかし、禁煙宣言者が再び喫煙した場合は、その倍の金額を企業に支払わなければな

りません。

この制度を導入して間もない頃、社員の奥さんから井上社長に電話がありました。「結婚して以来いつも主人の喫煙を心配していました。実家の父が肺がんで亡くなったからです。私がいくらやめてと言っても禁煙してくれなかったのに、会社のこの制度できっぱりと禁煙してくれました。報奨金が魅力だったということもあると思うのですが、それよりも家族の事を考えてくれるようになったことが嬉しいです」。

●喫煙者ゼロ企業へ

「この制度を導入したとき、ヘビースモーカーの幹部社員がこぞって禁煙したのが、とても嬉しかったです。その後、一般社員も禁煙するようになり、社内に禁煙の流れが浸透しました。社員が幸せな人生を送るためには、健康であることが最も重要なことです。社員の健康とその家族の幸せのため、喫煙者がゼロの企業になるよう進めて行きます」と、井上社長は語ってくれました。

【健康】

手厚い健康支援スタッフの配置

スタッフサービス・ビジネスサポート（神奈川）は、全社員四六八名のうち障がいのある社員が約九割を占めています。人材派遣会社スタッフサービス・ホールディングスの特例子会社として、二〇〇〇年に設立されて以来、臓器に障がいがある内部障がいを中心にさまざまな障がいのある社員が働きやすい職場環境と仕組みづくりに努めてきました。社員が数名ごとのチームとなって、それぞれの障がいの特性を理解・尊重して互いにカバーをしあいながら、仕事に取り組んでいます。

●保健師と精神保健福祉士が常勤で

同社の健康管理室には、月に二回来社する産業医の他に保健師（本社三名、九州一名）と精神保健福祉士（本社二名）を常勤で配置し、社員の心身両面のサポートをしています。

同社に勤務する保健師は、「とてもアットホームな企業です。健康管理室のスタッフも社員の『仲間』意識がとても強く、社員のもとに頻繁に出向いて声かけを行っています。入社して驚いたのは、社員が互いの障がいを理解し、助け合い、協力している姿です。また、聴覚障がい者が在籍するため、ほとんどの社員が簡単な手話ができます。毎日の朝礼、終礼時に手話の練習をしている部署もあります」と語ります。

健康面においては健康診断の結果のフォローはもちろん、個人では改善が難しい課題を、保健師、精神保健福祉士が支援機関を含めた面談をして共に考えます。また、各種の健康情報の発信や、障がいに関する研修会など、健康面の支援は多岐にわたります。

●昼休みに健康管理室で、リフレッシュ

保健師などの健康支援スタッフを手厚く配置することで、社員がいつでも気軽に、相談したいときに相談できる態勢が実現しています。「昼休みや休憩時間に健康管理室へ行き、保健師や精神保健福祉士と会話を楽しみ、リフレッシュして笑顔で仕事に戻る社員も多く、社員とその家族にとって安心できるオアシスのような存在になっています」と同社の担当者は言います。

亀井社長は、「一人ひとりが安心して『やりがい』を感じながら、『創意工夫』『夢の実現』ができるような組織を支える仕組みを今後もコツコツとつくり続けたい」と、決意を新たにしています。

【健康】

健康診断結果でご褒美ランチ

国内・海外向けの製鉄機械や非鉄金属製造機械・コークス製造機械などの設計、製造、販売などを行っている二〇〇一年創業のスチールプランテック（神奈川）では、健康診断の結果、問題のなかった社員約五〇名に、ご褒美ランチを提供しています。

●コミュニケーションスタイルを自己診断、仕事に生かす

その費用は企業が負担し、その代わり社員の「元気の秘訣」や「職場の良いところ」についての情報提供をしてもらい、それを廊下に掲示して社内に紹介しています。

週二回、健康相談に来ている保健師は、「健康診断の結果が問題ないことは、本人の日頃の努力と、職場環境の両方が影響しています。健康的に働くための秘訣や環境づくりの工夫を共有するために、このような協力を得ています」と語ります。

この企業では、設計図の作成等ＶＤＴ作業も少なくありません。そこで、運動と歩行を重視し、うつ対策も兼ねて運動機会を増やす取り組みをしているそうです。年に二回、年齢とともに低下する柔軟性、バランス感覚、筋力を中心に、体力測定もしています。また、月二回ヨガ

講師にも来社してもらい、全員が参加できるよう全フロアを巡回してストレッチや筋トレを実施する機会も設けています。

昨年は、保健師が全社員と面談して健康相談を行う際、コミュニケーションスタイルを自己診断（アナライザー、プロモーター、コントローラー、サポーターにタイプ分け）し、色別のシールを名札に貼ってお互いの特徴を知ることにより、強みを生かして仕事をするという試みを行いました。

●互いの健康を大事にしながら働く

「おいしいご褒美ランチも好評ですが、廊下に掲示した『元気の秘訣』や『職場の良いところ』を他の社員が見ることで、健康や職場環境に気を配る社員が増え、互いの健康を大事にしながら働く職場風土が徐々に培われているようです。社内のコミュニケーション促進にもつながり、風通しの良い職場づくりになっています」と同社の保健師は笑顔で語ります。

【健康】

がんになっても安心して働ける制度

「日本の新しい健康インフラになる」ことをビジョンに掲げ、「健康と医療に関する問題解決を通じて、人々の幸せとよりよい社会づくりに貢献する」ことをミッションとして、電話による健康相談や医療関連サービスを行っているのが、一九八九年創業のティーペック（東京）です。

その経営理念の実現のためには、まず「社員が健康であること」が大切と考え、「社員健康宣言」に基づき「ティーペック社員健康促進制度」として社員に対して、生活習慣病対策、メンタルヘルス対策、がん対策、女性の健康対策、禁煙対策、認知症対策の六つの支援を行っています。

特に、がん対策に関しては、平成二六年度東京都がん患者の治療と仕事の両立への優良な取り組みを行う企業として、中小企業部門において優良賞を受賞しました。

●がんで大切な社員を失いたくない

「がんに罹患した社員への六つの就労支援」は、がん治療中の社員の休暇が大幅に足りなくなったことがきっかけで、支援体制の強化が図られました。「がんと診断されたことにより大切な社員を失うことは避けたい」と願う砂原代表取締役社長の号令のもと、短期入院、外来通院の拡大を考慮しつつ、治療や体調によって柔軟に働ける仕組みを工夫しました。たとえば、継続的な治療のために、半日単位で取得が可能な月二日の治療休暇制度の創設、本人からの申し出による体調に配慮した時差出勤や職場の配置転換などです。就労相談の窓口として、人事部長・人事部主任以上が相談にあたっています。

抗がん剤治療を行う社員に対しては、治療休暇を活用して、安心して治療と仕事の両立ができます。検診で早期がんが発見されたことで、短期間の療養で職場に復帰できた事例もあります。

●がんに対する理解を深め、仕事の意識も向上

これらの制度により、ベテラン社員が退職をせずに治療を継続することができました。「がんを抱えながら働く社員は、周囲の社員から尊敬されています。職場の皆ががんに対する理解を深め、仕事に対する意識も向上しました。『健康経営』をこれからも心がけたい」と、大神田人事部長は語ります。

【健康】

高機能な健康機器を導入

誰でも自分の家族の健康を願うものですが、自分の家族の健康を考えるのと同じくらい、社員の健康を大切に考える企業があります。

創業二〇〇二年、売上高五億円、アパレルをはじめさまざまなアイテムの商品を扱う物流加工業のＬＦＣ（岐阜）です。この企業は創業当時から「大家族主義経営」を目指し、社員が幸せになるためさまざまな取り組みを実行しています。たとえば同社では創業時から定年制がなく、過去には八六歳まで勤務した社員もいました。働きたい社員は、健康であれば生涯雇用されるということになります。

●データを活用し、健康習慣がついた

雇用の継続は、社員が健康であることが必要です。井上会長は、ヘルシー料理で有名なタニタ（東京）の健康管理部門や社員食堂などを視察したそうです。そして、二〇〇万円と高額でしたが、タニタの高機能な体組成計を即決して導入しました。会長は「社員の健康は企業にとって最重要であるとの思いから導入を決意した」と語ります。体組成計は、健康増進の拠点と

なる健康センターに設置しており、勤務時間中にいつでも社員が測定できます。体重・体脂肪・筋肉量・骨量などの測定値に加え、年齢相応の運動量・基礎代謝量など多くのデータを測ることができます。

導入当初は月一回の測定を義務づけていましたが、今では社員が自発的に測定し、結果が話題にのぼります。社員自らが健康に関心を持ち、測定を習慣化しそのデータを各自が活用しています。「体脂肪率に気を付けるようになり、積極的に歩くことで体調がよくなった」「体重を意識するようになって、何だか体を動かすのが楽しくなりました。体脂肪が減ったからか体も締まった感じがします」など、社員から喜びの声があがっています。

●健康センターを地域の人にも開放へ

体組成計の測定データを生活習慣病などの保健指導とも組み合わせ、より健康増進を図ることができます。同社の健康センターは、将来的にはヨガ教室・ウオーキング教室・ピラティス教室などを取り入れて、地域住民のコミュニティの場にする計画です。

井上会長は「健康に対する意識が高まり、健康的な生活習慣が身につくことで社員と家族に幸せになってほしいと思います。また小社が発信地になって地域の皆様にも健康になってほしいのです」と語ります。

【健康】

インフルエンザ予防接種の費用を全額負担

社員の健康は企業にとって大切な資本です。企業には毎年の健康診断実施が義務づけられていますが、それに加え、インフルエンザ予防接種を実質企業負担で社員に促している企業があります。その企業は、一九五一年創業の、こんの（福島・八八頁参照）です。古紙リサイクルや廃棄物処理が主事業で、社員数は正規・非正規を含め一三三名です。

社員を大切にしたいという同社の思いは強く、特に健康には気を配っています。インフルエンザは社員のみならず、社員の家族にも感染する恐れがあります。そのため、企業が毎年一〇万円ほどの費用を負担し、感染しない・させない、そして、顧客や家族に迷惑をかけない企業を目指すために、この制度を導入しました。

同社がこの制度を導入したのは二〇一二年です。原則として社長以下、すべての社員が予防接種を受けた場合に費用負担を受けることができます。

●感染する社員が激減、長期欠席者撲滅へ

この制度導入以前の二〇〇九年よりインフルエンザ対応マニュアルを定め、社内で感染した

場合の対策や予防方法、必要な備品調達の仕方まで社内で共有していました。しかし、社員感染者数はなかなか減らず、感染していない社員への業務負担が増え、業務そのものに支障をきたしたり、家族にうつしたりという悪循環があったそうです。しかし、この制度を導入してからは、感染する社員はかなり減り、特に長期欠勤者はほとんどなくなったそうです。

その結果、社内からは、「備えあれば憂い無し、安心して仕事ができます」「屋外業務がほとんどですが、厳冬期でも守られている感じがします」といった声が挙がるなど、社員の健康維持と企業の業績安定に役立っているということです。

●予防接種一〇〇%を目指す

この制度の実施率は、残念ながらまだ一〇〇%に到達していません。「日々の仕事に忙しい中、全社員が予防接種をすることで社員の健康と快適な職場環境を守り、事業を安定的に経営できる企業をつくりたい」と、紺野社長は語ります。

【健康】

酸素ボックスで社員リフレッシュ

障がい者雇用法定率二〇％、社員二九名のうち、六名が障がい者、障がい者を大事な人財として成長する企業が日本ウエストン（岐阜）です。設立は一九七〇年、工業用タオル・手袋の分別・洗浄・再利用のリース、販売が主な事業です。企業は資源リサイクル活動を通じ、社会貢献と環境保全を行い「常に必要とされる企業」を目指します。臼井社長は創業以来常に「活かす」を経営理念とし、特に「人を活かす」では、「社員一人ひとりが、自分の人生について設計ができ、自慢できる責任ある仕事と高収入による幸せな家庭が築ける素晴らしい企業」をつくることを目指しています。

また、社員の健康管理にも気をつけています。そのために高額な酸素ボックス（タイムワールド社製）を導入しています。一台当たり数百万円もの大型の酸素ボックスが二台設置されています。社長の「体力仕事の多い社員に、疲れたまま仕事をするのではなく、酸素ボックスで体力を回復し元気に仕事を続けてもらいたい」という思いがあるからです。社員一人ひとりが何を大切にし、どのような価値観で何を欲しているのかという情報を集め、常に企業として提供できることを行うという方針を貫いています。企業とは社員の夢をサポートするためにある、それが日本ウエストンの企業理念です。

●ボックス内で、情報交換

二〇一四年九月、酸素ボックスを導入した経緯は、「効率よく疲れを癒やし、作業効率をあげたい」という社員からの意見がきっかけです。この声を反映させる方法はないか検討していた際、プロのスポーツ選手や大学の体育学部・スポーツジムで導入されていた酸素ボックスを知り、即、導入しました。導入後一年が経過しましたが、一度に数名利用できることから、ボックス内で会話が始まり、社員の情報交換の場所にもなるという思わぬ効果もあるようです。

●会議や打合せを行い、アイデアが生まれる

会議や打合せ等を酸素ボックスで行うことで身体のメンテナンスとリフレッシュが同時にでき、よいアイデアが浮かぶこともあります。また、プロ野球球団にも同じものが導入されているなど、酸素ボックスそのものも取引先での話のネタになっているようです。

【健康】
朝ヨガ教室で心と身体の健康をサポート

渋谷のど真ん中、ビルを一望できる一七階の快適な社内スペースで朝ヨガをできる企業があります。エンジニアや看護師など、特定分野の人材紹介・派遣、Webマーケティングで成長している社員約四〇〇名のレバレジーズ（東京）です。

朝ヨガは午前七時三〇分に始まります。多いときは、二〇名近くの社員が参加します。女性だけでなく、男性社員の参加が多い時もあります。

●家族や友人の参加も可能

朝ヨガのきっかけは、ベンチャー企業特有とも言える夜型の生活をおくる社員が多い中、健康を守るため、朝型の生活を推奨する会社の方針からのアイデアの一つでした。また、朝ヨガを運営しているのは同社の社員ですが、社外で学んだことを披露する場をつくることも理由の一つでした。

同社は、朝のスタートを特に大切にしています。創業以来、「グッド&ニュー」という、毎朝一〇分欠かすことなく、二四時間以内に身の回りに起こった「いいこと」と「新しいこと」

を、仕事で普段関わらないメンバーと情報交換する取り組みも継続しています。

なお、朝ヨガは、社員は誰でも無料で参加できます。さらに、社外にも開かれていて、家族や友人の参加も可能です。

●心身のリセットで仕事がはかどるように

朝ヨガに参加している社員からは、一日の始まりとして心と身体をリセットし「仕事がはかどるようになった」という好意的な声が出ています。こうした取り組みが評価されて、二〇一三年「働きがいのある会社ランキング」のベストカンパニーの一社にも選出され、採用にも多くの応募がある会社になりました。

人事担当者は、「今後は、月に一回を二週間に一回の頻度に増やしてより多くの社員が参加できるようにしていきたい」と抱負を語っていました。

【食事】

会社の負担でおやつ食べ放題

休憩時間にお茶やお菓子をいただきながら社員同士で和気あいあいと過ごすのは、良いリフレッシュになります。一九四八年創業の魚介仲買業マルナカ水産（静岡）には、おやつ食べ放題という制度があります。この制度は、社員が自分たちの好きなお菓子やパン、くだものなどを自由にいくらでも食べることができるものです。仕事場にはおやつ専用の冷蔵庫があり、お茶やジュースなどが冷えています。会社から差入れすることもありますが、現金を渡して好きなものを買ってきてもらうのが基本です。

●「好きなときに、好きなだけ」

同社で働く社員は一三名。平均年齢六六歳、最高齢は七八歳と高齢ですが、もと漁業従事者が多いので体力には自信のある人が多い職場です。

魚介仲買業は魚を買付け、卸売市場で魚を販売する仕事です。卸売市場では、競り落とした魚を大量の氷とともに箱詰めするという肉体労働があります。夏暑く冬寒い大変過酷な労働現場ですので休憩はとても重要ですが、なかなか取れていないのが卸売市場の実態です。そんな中、「マルナカは休憩がきちんと取れて、おやつが非常に多い」ことで有名です。おやつ自体は先代の頃からあり、現社長の夫人も毎日市場まで届けていました。しかし、その日の水揚げ状況で休憩時間が変わることや、社員の好みなどもあり、自然に「好きなときに、好きなだけ」という今の制度になっていったのです。

●会社の大切な潤滑油に

この制度により井戸端のような場がつくり出され、おやつを囲んで会話が弾むようになります。そこには、「いい職場とは、過ごしやすい職場である」という考えがあり、現場からは「休憩時間が楽しくなった」という声があがっています。社員が、互いの好きなものを選んで買ってくるのも楽しく、毎日がクラブ活動のようだといいます。

無制限というと費用が気になりますが、どんなに頑張って食べたとしてもそれほど莫大な金額にはならず、逆に食べ物を絶やさないよう気をつけているほどです。月数万円でできてとても効果的な福利厚生制度なので、中小企業に向いていると言えそうです。

定年制のない同社では、好きなものを沢山食べて、ずっと楽しく仕事をしてほしいと願っています。この制度は、会社の大切な潤滑油になっています。

【食事】

ゆっくりくつろげる社内カフェ

社員食堂が完備されている企業は多いと思いますが、ゆっくりくつろげるカフェがあるところはあまりないのではないでしょうか。そこがお茶やコーヒー、紅茶はもちろんのこと自社で販売している高級和菓子まですべて無料となれば、こんなにうれしいことはありません。

そんな社員のためのカフェがあるのが、和菓子の製造・販売を主に行う叶匠壽庵（滋賀・七〇頁参照）です。「快適に休憩できるスペースがほしい」「他部署の人と交流できる場がほしい」という要望に応えて二〇一四年本社工場の屋上に社内カフェを設立しました。

●お菓子の美味しさが、口コミで伝わる

叶匠壽庵の本社には、六万三〇〇〇坪ある里山の自然の中を、お客様がお食事と散策を楽しんでいただく「寿長生《すない》の郷《さと》」があります。この社内カフェの窓からは寿長生の郷の象徴である梅林が見え、「梅見カフェ」と呼ばれています。

「梅見カフェ」は、社員（社員、契約社員、繁忙期のアルバイト等）の休憩や、社外の方との打合せに利用しています。季節折々の景色を楽しみながら美味しいお菓子をいただく休息のひと

ときは、その心地よさから職場であることを忘れさせてくれると、社内外で評判です。さらにウッドデッキスペースもあり、こちらも肌で季節を感じることができると好評で、「梅見カフェ」は社員にとってまさに至れり尽くせりのリフレッシュスペースなのです。

前述のとおり、このカフェは社員からの要望でオープンしました。企業としても「自分たちで製造・販売している商品を自分たちで口にする機会と、職場環境を整えることで商品に対しての品質・おもてなしなどに対する意識の向上が図れる」と考えたようです。

実際に繁忙期のみ勤務する短期アルバイトの方々にも大変好評で、「梅見カフェ」で食したお菓子の美味しさを家族や友人にクチコミで伝えてくれるという宣伝効果もあるようです。

●職種を超えた社員のコミュニケーションの場

自分たちのカフェということで、各部署がローテーションで準備、片づけも行っています。休憩時間には工場勤務者に加え、本社工場併設の「寿長生の郷」で働く和服姿の者も利用し、製造、販売、接客という職種を超えた社員同士の良いコミュニケーションの場となっています。このカフェには、働く環境を整えながら人を大切にする企業を目指したいという社長の思いが表れています。

【食事】

社員の希望がかなう、メニュー豊富な社員食堂

社員が、社員食堂を利用するのは一般的ですが、ここまで一人ひとりの社員に気配りしてくれる企業はめったにないでしょう。その企業は、中国にある佛山順徳矢崎（広東省）という日系企業で、主事業は自動車部品の製造です。

同社の食堂では毎日、四川料理、二種類の湖南料理、二種類の広東料理、二種類の特別料理（ラーメン、チャーハン等）そして日本料理を用意しています。さらに、二〇一五年七月から社員の意見を取り入れ、新しく追加した料理もあります。

実際に三食にかかっている費用は一人当たり約二〇元（約五〇〇円）ですが、会社の補助によって従業員は格安で朝・昼・晩の食事を摂ることができます。さらに夜食を提供する態勢も整えています。

同社では、「日本人と中国人がこれから仲良くやっていくには、レストランのような素敵な食堂で、同じ食器で同じ料理を食べた方がいい」と考え、社員食堂をつくりました。また、社員は中国のさまざまな地域から来ていますので、コストはかかりますが各地の郷土料理を揃えメニューを多くしました。

●常に社員の意見を取り入れてメニュー改善

毎日二〇〇〇名を超える社員が利用しており、また、同社を訪問した人も食事ができます。常に社員の意見を取り入れてメニューの改善をしています。「メニューをもっと多くしてほしい」「夏に熱い緑豆汁が飲みたい」などの意見に、わずか二日間で対応することもあり、大変喜ばれています。よりよい雰囲気づくりのために、生花を飾り、音楽が流れるモニターも設置されています。このモニターでは、社内イベントや企業からの告知も見られます。毎月、優秀社員の紹介もあり、仕事への意欲がさらに高まります。

●社員の意見が何より重要

土屋董事長（取締役会長）は「『民は食を以て天と為す』と深く感じています。社員の意見が何より重要と思い、できる限り希望をかなえ働きやすい職場でありたいと気を配っています。これからも食堂は継続的に改善し、社員に自社のことを好きになってもらいたいと思っています」と語ります。

【食事】

フルーツ常備の「フリービタミン制度」

福利厚生制度の中には、あるけれど忘れられているとか、使いたくても社員の時間がなくて使えないといった制度が多くみられます。そんな中でEyes, JAPAN（福島）は、誰もが気軽に使える制度が充実しています。その一つが「フリービタミン制度」です。朝食を抜いて血糖値が下がっている社員のために、バナナやオレンジ等が常備されていて、いつでもそれを食べることができます。毎週月曜日に近所の八百屋さんが、バナナと季節の果物を届けてくれます。

同社は、日本最初のコンピューターサイエンス単科大学である会津大学の事務局通訳員を努めていた山寺純氏が、会津大学の学生達と一九九五年に起業しました。社員数は一二名で、システム開発や医療セキュリティ開発を行っています。

●朝食を食べていなくても大丈夫

バナナは、通年で常備されています。その他に苺や桃などさまざまなフルーツが出てきて、季節の変化を感じさせてくれます。二〇歳代の若い社員が多く、朝食を食べない人もいるので、フルーツを食べ血糖値を上げ頭をすっきりさせて仕事に励んでもらいたいという山寺社長のアイデアでこの制度が始まりました。男性社員には簡単に食べられるバナナが人気です。女性社員には季節の果物が好評で、すぐなくなるようです。朝だけではなく、空腹を感じる夕方に食べる社員もいるとのことです。

●気分転換をいかに上手にするかが重要

同社はシステム開発やアプリケーション開発を行う企業です。社員のほとんどはIT技術者であるため、大変なストレスがあると言われています。そのため山寺社長は「ただ机に座っていても仕事の効率は上がらない。気分転換をいかに上手にするかが大事で、その支援を企業が担うのは当然」と断言しています。この制度にかかる費用は月額四〇〇〇円くらい。「みんなのテンションがあがるのなら安いものです」と言っています。スウェーデンの企業で社員がオレンジを自由に食べているのを見て、「これはいい」と取り入れたそうです。

その他、同社には社員の身体や精神面の健康をサポートする取り組みが充実しています。オフィス内にはバーカウンターが設置されていて、仕事が終わればそのままお酒が飲めたり、本格的なエスプレッソマシンで淹れたコーヒーを自由に飲むことができたりと、ユニークな福利厚生制度で仕事の効率や創造性を高める取り組みをしています。

【食事】

社員が持参する昼食に一品追加

古都奈良の街並みの一角に、女性社員一〇名のクレコスの本社があります。化粧品販売員だった女性が自社の製品の原材料に不信を抱き、オーガニックの化粧品を求めて企業を立ち上げました。古くから日本に育つ米、大豆、へちま、お茶、蜂蜜といった食の原材料を使って化粧品を製造販売する会社です。創業者で社長の暮部氏は、社員と一緒に楽しむ社内ランチでも製品に対する思いを発揮しています。

●昼食に、社長手作りのお味噌汁

暮部社長は、日本の食の素晴らしさを社員に感じてもらいたいと思い、社内でお味噌汁をつくっています。具は、自分の家で取り寄せているオーガニック野菜が多いのですが、取引関係者や家庭で無農薬有機栽培をしている社員などから、野菜が届くこともあります。そんな時は喜んでお味噌汁の具にします。糠漬けも家で漬けて持ってきます。また、社内のプランターで育てたネギや小松菜も味噌汁の具材に使います。お味噌も手作りの物や、添加物の少ない物を使うようにしています。そして、お弁当を作る時間のなかった社員のためには、塩と紫蘇だけでつけた南高梅を具に、有機無農薬で作られた米と自然塩、そして無添加の海苔で巻き、社長渾身の「元気おにぎり」をつくります。

「日本人の健康に大事なのは米と発酵食品だ」と社長は考えています。「お味噌汁に糠漬け、納豆を食べていれば健康な生活が送れる。日本の食の重要性を次の世代にも伝えたい」と考えています。クレコスのキャッチコピーは「母から娘へ……」。化粧品を通じて日本の文化を伝えています。

●仕事への励みにつながるランチタイム

一緒に食事をする社員は、「会社で一番忙しい社長が、私たちのために朝早く起きてランチの準備をしてくれる。面倒くさいことなのにうれしそうにしてくれる。無添加の安心な食材に社長の思いがぎっしり詰まっています。一品一品に感謝の念を抱きます」と話してくれました。また、「社長のおにぎりは食べると本当に元気になるので欠かせません。そして、社長と同じ思いで、『日本人として、また母として、伝えなければならないことをしっかり伝えよう』と仕事への励みにもなっています」と熱く語ってくれました。

【食事】

自社農園の有機野菜を使った社員食堂

何よりも社員の健康を第一に考え、社員食堂を運営している企業があります。それはあきゅらいず美養品（東京）という企業です。食堂の名前は「森の食堂」です。

同社の主事業は化粧品と健康食品の通信販売です。創業は二〇〇三年、社員数は七一名。経営理念は「傍楽（はたらく）」ということと、「三方よし」です。「傍楽」とは、まわり（傍）の人の幸せにつながる働き方こそ本来の仕事の在り方という思いです。人々の幸せを願い、同じ企業で傍楽《はたら》けること、企業よし、スタッフよし、お客様よしの三方が幸せになること、それを願い「三方よし」と表しています。

●外部の人も食べられる「母めし」

「森の食堂」は、本社から歩いて二分ほどのところにあります。元の物流センターの給湯室を利用しています。スタッフは物流センターで働いていた女性ばかり九名です。うち六〇代の方が三名、七〇代の方も一名いらっしゃいます。

料理は家庭的な「母めし」です。自社農園で収穫した有機野菜や、三鷹市や調布市などの周辺地域の食材を大切に使っています。また、外部の人間も事前に電話で予約すれば、八五〇円均一で食べることができます。乳幼児連れのお客様のために、畳敷きのキッズスペースも用意しています。

メニューはとても充実していて好評です。食事を終えたら、社員が各自でお皿洗いをする習慣があります。

食堂をつくったきっかけを社長に伺うと、「朝ご飯を抜いている人とか、スーパーで買ったお惣菜をお昼ご飯にしている人などがいて、心なしか若者スタッフの顔色が悪いのも気になりました。それで『森の食堂』をつくったのです」と話してくれました。

●素肌のきれいな社員の姿が広告

同社では社長をはじめ、女性社員は全員「すっぴん」で仕事をしています。同社は人の素肌本来の力を引き出すことを大切にしていますので、素肌のきれいな女性社員の姿が一番良い広告になっているようです。

【食事】

季節の果物や野菜を社員にプレゼント

社員が直属の上司や社長に、お中元やお歳暮を贈る習慣は近年少なくなったとはいえ、まだあります。ですが、社員やその家族に対し、毎年お中元やお歳暮を贈り続けている会社はそれほどありません。

その企業は吉寿屋《よしや》（大阪・一〇四頁参照）です。一九六四年創業、社員数約三〇〇名のお菓子の製造・販売企業です。日本初のお菓子のフランチャイズ（ＦＣ）を考案し、一九八六年よりスタートしています。現在では、直営・ＦＣ店合わせて一一八店舗です。

社員やその家族、親戚や近隣の人たちまで、企業を取り巻くすべての人が大事なお客様であるという考えから、社員へのお中元・お歳暮のプレゼントを創業当時から続けています。

●特大スイカ三個のお中元が社員に

「果物や野菜を、社員はもとよりその家族や親戚・近隣の人たちにも分けていただけるようにたくさん贈ります」と神吉会長は笑顔で語ります。

お中元やお歳暮の時期を問わず、旬の野菜や果物を贈ります。しかも質のよいものを量もたっぷりと贈るのです。ある年、特大スイカを三個贈られたことがありました。社員の田中さんは、一個目は自分とその家族、二個目は親戚の叔母さん、三個目は近隣の方に差し上げて大変喜ばれ、同社に勤めていることを誇りに思ったそうです。

●毎年三回を五回に増やしたい

「毎年一年に三回ほど贈っているのですが、今年は利益も出ているので五回に増やす予定です。今年はこれから一人の社員あたりカボチャ一〇キロとジャガイモ六キロを贈る予定です。お中元やお歳暮という時期だけではなく、旬の果物や野菜が手に入れば贈っています。社員のご両親や親戚の皆さんから、喜びの手紙やハガキをたくさんいただいていますので、これからもずっと続けていきます」と会長は語ります。

【食事】
家庭菜園にかかる費用を補助

社員のやっている家庭菜園の補助をしている企業があります。アシスト（東京）が行っているこの制度は金銭的な面だけではなく、社員の生活を案じたからこそ生まれたものです。同社は一九七二年、アメリカ人の社長（現会長）によって設立されました。主な事業はコンピュータ用パッケージ・ソフトウェアの販売、技術サポート、教育およびコンサルティング業務です。社員数は約八〇〇名です。

●社員と家族を守るための農業のすすめ

この制度には、社長の社員に対する大きく深い愛情が込められています。二〇〇八年のある日、社長から「来たるエネルギー資源の減耗、その結果の価格高騰により経済活動が停滞した時に備えて、これからは家庭菜園などを始めよう」というメールが全社員に届きました。「年収が六割で週休四日になったら、どう生活するか」社長はいつの日か起こるかもしれない恐慌に備えて、社員とその家族を守るために農業のすすめを訴えたのです。

社員の何人かは、自宅の庭や地元近辺の市民農園を借りて家庭菜園を始めました。農園の賃貸料や道具購入費用として一人当たり年間二万円まで補助を受けることができます。

●「農業部検討プロジェクト」を立ち上げ

効果はさまざまなようです。社長の思いや発想に感動した社員、野菜が育っていく姿を家族と共有し、収穫の喜びを感じている社員、近所の人たちとの会話が増え、何よりも安全安心でおいしい野菜を食べられることを喜んでいる社員、栽培のための計画や土作り、支柱やマルチ、ネットや追肥、害虫や天候など多くの知識が必要となりますので、仕事の段取りに重ねあわせて、熱心に勉強をしている社員もいます。

現在この制度の利用者は十数名にとどまっています。会社では社員に対してさらに農業に取り組む必要性を訴えようと考え、「農業部検討プロジェクト」を立ち上げました。二〇一五年九月には社員とその家族、特に小さな子供を持つ社員を対象に、NPO法人と連携した日帰り農業・食育の体験メニューを実施しました。社長の思いを全社に浸透させることは簡単なことではありません。しかし、いつの日か着実に広がることを目指しています。

【その他】

震災復興手当を支給

東京都墨田区に、東北の復興に熱い思いを注いでいる企業があります。東京の下町には、戦後、東北地方から集団就職があったため、祖父母の代が東北出身者という人が多いのですが、深中メッキ工業の社長の祖母も秋田出身です。

同社は一九五三年に創業しました。現在の社長は創業者の次男である深田さんです。主事業は社名の通りメッキ処理で、社員わずか九名の下町の企業です。同社がメッキを施す部品は年間数億個にのぼり、その中には世界シェアが一番の部品もあります。その一つは複写機のトナーカートリッジに使用する部品で、さび止め用に一〇〇〇分の一ミリ以下で極薄のクロームメッキを施しています。こうした高度な表面処理加工技術を保有していることもあって、うわさを聞いた全国各地の有力企業から注文が舞い込み、今やその取引先は二〇〇社以上にのぼっています。

●二〇一一年四月より、毎月五〇〇〇円を支給

二〇一一年の震災により同社も被害を受けましたが、何とか修理して三日後の三月一四日に営業を再開しました。その日の朝礼で深田社長は東北への思いを語り、社員に復興手当を支給することを伝えました。「復興手当は被災地の支援のために君たちへ支給するものです。この手当で毎月被災地産の食品などを優先して購入してあげてください。今までは諦めていた高度な技術開発にチャレンジし、より多くの税金を支払い続けることで復興に貢献して行こう」と語り、社員の前で初めて涙したそうです。この復興手当は二〇一一年四月より社員全員に毎月五〇〇〇円ずつ支給されており、国が「復興完了」と宣言するまで続ける方針です。

●日本の復興を自分たちが支えている

この手当のおかげで、社員が自社と社長の取り組みを理解し、日本の復興を自分たちが支えているという自負と誇りを持つようになりました。社長は、社員一人ひとりが日本の社会全体の幸福に貢献するのだという気持ちを持ってほしいと願っています。

【その他】

全社員に毎年お歳暮を贈り続ける

社員やその家族に対し、毎年お歳暮の品を贈り続けている会社があります。しかも、パート社員であれアルバイト社員であれ、全社員に分け隔てなく五〇年以上、平等に贈り続けているのです。

この企業は、一九五一年創業の日本植生(岡山・六四頁参照)です。環境緑化製品の製造販売や環境保全工事の設計施工のリーディングカンパニーで、グループ全体では七四〇名、同社単独では二三三名の社員がいます。

この制度を導入したのは、会社が安定軌道に入った一九五六年頃からで、創業者である柴田正氏が日頃から努力してくれている家族同然の社員にお礼として実施を始めました。

●「鮭」好きの両親が何よりも喜んでくれる

お歳暮の品は、かつてはミカンやリンゴ等の果物を贈ったときもありましたが、最近二〇年間は「鮭」だそうです。しかも大きな鮭をまるごと一尾です。

暮れから正月ということもあり、社員の要望を聞くと鮭が圧倒的に多かったからです。贈り先は社員の自宅が大半ですが、故郷や配偶者の実家もあるそうです。

勤続一〇年の山田さんは、ここ四～五年暮れから正月は、鹿児島市の実家で過ごすそうですが、鮭好きの両親が何よりも喜んでくれていると言います。

●社員と家族のために、より充実させたい

この制度の実施にかかる費用は毎年三〇〇万円以上だそうですが、同社の五代目の社長である柴田昌則氏は、「社員もその家族も本当に喜んでくれてお礼の手紙をいただくことも多いので、今後も充実していきたい」と語ります。

【その他】

お中元やお歳暮は全社員で分配

お中元やお歳暮は社員一人ひとりが一生懸命頑張ってくれた成果であるとして、全社員で抽選し分配している企業があります。村田ボーリング技研(静岡)もそうです。一九五〇年創業の同社は、社員数が八〇名、売上約一四億円で経常利益率は一五%ほどです。創業六六年目を迎えますが、これまで安定経営を続け、一度も赤字になったことがありません。

「溶射加工」や「セラミックレーザー彫刻加工」など、一般的には聞きなれない用語ですが、表面改質技術が強みです。溶射加工とは「キッチンもの」から「航空宇宙産業」にいたるまで各産業界で使われる特殊技術の一つです。同社は、自動車、オートバイなどのエンジン再生を主軸に創業以来、「ニッチ市場でオンリーワン」を目標に取り組み、取引業者は一〇〇〇社を超えます。

そんな同社の福利厚生の一つが、お中元・お歳暮などを全社員で分配する制度です。社員の楽しみになればと、一〇年前から始めました。全社員で抽選をし、当選券を引いた人にプレゼントしています。当選者同士の物々交換も楽しみの一つです。

●ビールセットが当たって、大喜び

社長や同社宛てにお中元・お歳暮が届くたびに「今回は何か」と期待が高まります。ビールなどのお酒や日用品、コーヒーやお菓子の詰め合わせが人気で、抽選の後には「今年は何が当たった」と社内で会話が弾みます。

年に二回、その抽選券を準備するのは、村田社長と夫人です。夫婦で抽選番号を手書きするのです。今年は総務課の勤務歴二〇年の勝田さんが一番乗りでくじを引き、ビールセットを当てました。大のビール好きということもあって、満面の笑顔でした。「仕事の後の楽しみが増えた」と喜んでいました。

●一〇年後、さらに社員満足度の高い会社へ

お中元・お歳暮の季節になると、社員だけでなく、その家族も、「今年は何が当たるか」を心待ちにしているということです。村田社長は先代からバトンを引き継いで一五年になりますが、一〇〇年企業を目指し、「社員とその家族が幸せになる企業づくり」に熱心に取り組んでいます。「まずは一〇年後、さらに社員満足度の高い企業になるよう努力していきたい」と語ります。

【その他】

株式の七五%を社員と顧客が保有

神奈川県大船駅からバスで一五分ほどの丘の上の住宅街に、さくら住宅はあります。創業一九九七年、社員四四名の住宅リフォームを業務とする企業です。中小企業においては、創業者や創業者一族で株式を保有して財産権と経営権を守って第三者からの干渉を避けようとするのが一般的です。しかし、同社の株主制度は常識と大きく違っています。

●株式の七五%が社員と顧客

創業者である二宮社長の株式保有比率はわずか二五%です。残りを社員と顧客等が保有し、株主はなんと一七五名もいます。役員や社員の中に社長の親族はいません。つまり株主総会において簡単に社長を解任することができてしまいます。社長は「いつでも辞める覚悟がある」と言います。

なぜ株式の七五%を社員と顧客が持つのかと言うと、社長の信条として「企業は社会の公器である」という考えがあるからです。顧客や社員に株主になっていただけば、もし企業の経営が間違った方向へ行ったとき、株主の方々の意見を入れて修正することが可能です。株主総会は、毎年六月に横浜中心部の一流ホテルで行い、一〇〇名以上の方々が懇親会まで参加します。

ここでは、経営への質問が飛ぶだけでなく自由に意見を言うことができます。

過去には総会でこんな意見が出たことがあります。「社長の健康が大事ですので、禁煙してください」。社長は真っ赤になって恐縮し、会場には同意の拍手と明るい笑い声が響きました。

同社が目指すのは開かれた企業であり、役員のみが経営状況を把握している企業とは違います。毎月社員全員に月次決算を詳しく報告し、個々の営業活動に反映しています。株主総会では社長が常に言います。「皆様一人ひとりの企業です。私の企業ではありません。この企業をどうするかも皆様の考えで決まることです」。

●株主総会で、仕事や夢を語り合う

株主である社員の皆さんに感想を聞いてみました。「配当利回りは五・五%と、銀行預金と比較してもかなり有利です。ただ、それ以上に楽しみなのがパーティーのような株主総会です。社員も顧客も株主として同じ立場で飲食をともにし、優雅に音楽の生演奏を聞きながら仕事や夢を語り合う、それが楽しい」と連帯感を持てる雰囲気があるのです。株主総会が「こんな自分たちを応援してください」と直接お客様に言える「誓いの場」になっているようです。

【その他】

月曜日が楽しくなる朝礼

朝礼を行う目的は何でしょうか。経営理念等の浸透や挨拶等の基本的習慣の向上のため、スケジュールや連絡事項等の情報共有のため、人間関係を良くするなど組織風土向上のための朝礼もあります。

このような朝礼を実践しているのが、精密な自動車部品等のメーカーである西精工（徳島・一二四頁参照）です。同社は社員満足度が九六％と驚異的に高く、その結果、「日本でいちばん大切にしたい会社大賞」「グッドカンパニー大賞優秀企業賞」「日本経営品質賞」などを受賞しています。

●仕事に対する思考が深くなる

同社の朝礼では最初に「創業の精神」「経営理念（ミッション・ビジョン・行動指針）」などを唱和します。ここまでは一般的ですが、この後に「西精工フィロソフィー」を使った話し合いが行われるのが特徴です。フィロソフィーを読んだ後はチーム分けをし、自分の仕事や日常で起きたことを交えて話し合います。その後、チームリーダーがみんなの意見を取りまとめて発表し、さまざまな考え方を共有します。さらに、朝礼リーダーが発表の内容を深掘りするために発表者以外の社員を指名していきます。指名された社員は自分の思いなどを語ります。このため時間も長くなりますが、その分、仕事に対する思考が深くなるのです。

このような朝礼に移行したきっかけは、同社の西社長の「思い」です。一九九八年、東京の広告代理店に勤務していた西社長は徳島に戻ってきましたが、そのときの企業の雰囲気を暗いと感じたそうです。この風土を改善したいと思い、挨拶や5S運動（整理・整頓・清掃・清潔・しつけ）を実施しました。しかし、思ったようには改善されません。そこで、経営理念を制定し、この理念に基づき仕事に対する考え方について社員とメールで対話しました。この対話のテーマは二〇〇にものぼり、それをまとめたものが「西精工フィロソフィー」なのです。

●生産性とチームワークの向上へ

朝礼の時間は五〇分以上と大変長く、そのため一見、生産性を高めることとは逆行しているように思えます。しかし、社員が自主的に機械を自動化するなど主体性が高まったという効果を生んでいますので、朝礼が生産性向上にもつながっていると考えています。さらに、組織風土が改善されたことにより、チームワークも良くなったそうです。西社長は「月曜日に出社するのが楽しい、ワクワクする企業を目指します」と語ります。

【その他】

日本一長くて楽しい朝礼

日本企業の九三％が朝礼を実施していますが、沖縄教育出版（沖縄）は、毎年多くの方が見学にくる「日本一長くて楽しい朝礼」を実施している有名な企業です。事業内容は、健康食品、化粧品及び沖縄の特産品の企画、通信販売で、「I am OK! You are OK! We are OK!」を社憲に掲げ、社員全員が人間性を高め、認め合い、一人ひとりが主体的に働く企業を目指しています。一九七七年創業、社員数は、パートも含めて一一七名です。

●笑いあり涙あり、心と体をほぐす会

同社の朝礼は毎日実施しますが、月曜日、金曜日は全事業部の社員が集まって行う「全体朝礼」で、平均一時間程度かかるそうです（火～木曜日は部署ごとで実施）。まずは、ストレッチなどの体操で心と体をほぐします。その後の内容は、一般的な業務報告にとどまらず、顧客からのお便りの紹介、仕事を手伝ってくれた社員に対してお礼をいうコーナー等々で、決して事務的なものではなく、冗談をまじえながら、和気あいあいという様子です。ちなみに同社では「売り上げ」という言葉は使わず、「お役立ち結果」という言葉を使っているそうです。また、

コミカルで思わず笑みがこぼれるワッショイ体操やハッピー体操、顧客との感動エピソード発表など笑いあり涙ありの内容になっています。最近では、フォークダンスも実施するそうです。最後に、川畑会長が挨拶をし、企業理念、基本方針、今年度のテーマ「幸せになる魔法の言葉」を唱和します。

●「話していると、沖縄に行きたくなる」会社

朝礼の目的は、企業理念や大切な価値観を共有することによって、社員同士がベクトルを合わせ、全社員が元気に仕事に取り組める組織風土を高めることです。このようにして社内に相互尊重の文化を育てているからこそ、顧客との親密な関係が築けているといいます。

コールセンターには、「あなたと話していると沖縄に行きたくなる」「担当者のあなたに会いたい」という声が届くといいます。顔はあわせていなくても、あたかもそばにいるかのように、常に顧客の健康と美容に役立つことを願っている社員が育っているのです。

第三章 今後の福利厚生制度導入・運営の五つの視点

社員とその家族の幸せを心から念じた福利厚生制度の存在は、彼らの愛社心を高め、結果として業績を高めることは明白です。とは言え、企業経営の考え方や進め方を大して変えず、安直にその導入や充実強化を図るのは早計です。逆効果の場合もあります。

というのは、どんな企業にもさまざまな考えを持った社員がおり、また良し悪しは別として独自の社風といったものがあるからです。こうした現実を無視・軽視して他社が導入しているからと言って、福利厚生制度をそのまま導入・実施したとしても、その制度がほとんど利活用されず形骸化してしまうことも考えられます。

それればかりか、社員やその家族に、その真の意味・目的が十分伝わらず、逆に反発を招くこともあります。

ここでは、本書で紹介した制度を導入・実施している企業事例を踏まえ、真に社員とその家族のためになる福利厚生制度の導入と運営についての効果的視点を五点に絞り述べてみます。

(1) 業績向上の手段ではなく社員とその家族の幸せのため

企業経営の最大・最高の使命と責任は、社員とその家族の幸せの追求・実現です。業績はその使命と責任を果たしたか否かの結果としての現象、または、そのための手段です。ですから、新たな福利厚生制度の導入やその充実強化の第一目的を、業績向上としてはなりません。

業績向上を過度に追求すれば、例え業績が一時的に向上したとしても、社員を心身ともに疲れさせ、社員とその家族の反発心を招くことは必至です。

ですから福利厚生制度の導入や充実強化に、社員からの見返りを求めることはナンセンスなのです。社員とその家族を「企業の家族」と考えたなら、彼らにとっていいと思われることをできるものから順番に実施すればいいのです。

自分が社員であったなら、また自分が社員の家族であったならば、どうして欲しいか、どうすることが正しいか、といった自然体で実施すればいいのです。

(2) 制度の導入よりも企業風土が大切

福利厚生制度というと、制度そのものの導入、充実強化だけを考えてしまいますが、それでは不十分です。

より重要なことは、制度の存在より組織風土です。いくらいいと思われる制度が導入されていたとしても、それが利活用されていないならば無いに等しいからです。つまり、制度があることと、その制度が利活用されているかどうかは別問題なのです。

制度が導入されているにもかかわらず、その制度が十分利活用されていない場合には二つの理由が考えられます。

一つは制度そのものが様々な条件付きで利活用しづらいということです。条件は必要最小限度に押さえておくことが重要です。

本書でも取り上げましたが、有給休暇の取得も一例です。これは法定福利の一つですが、女性とりわけ子育て中の女性社員や、障がいのある家族と暮らす社員への気配りが不足していると思われる企業が大半です。

というのは、子供の送り迎えや家族の用事で、わずか一時間程度、職場を離れるケースにおいても一日もしくは半日の有給休暇を取得せざるを得ないという企業が依然多いからです。

一時間程度の用事のために一日や半日の有給休暇を使用していたならば、これら社員に有給休暇が何日あっても足りないと思います。

その解決は簡単です。それは企業の業績の論理ではなく、その社員とその家族の幸せの論理に立って、時間での有給休暇の取得を認めてあげればいいのです。

せっかく存在しているにもかかわらず、十分に利活用されていないもう一つの理由は、企業の風土に関する問題です。つまり、その制度を利活用するのが当然といった空気感が社内になければ、周りが気になって使いづらいということです。

(3) 全体対応よりは個別対応

福利厚生制度は、該当する社員とその家族であれば誰でも平等に利活用できることが基本です。

しかしながら、さまざまな理由で制度に当てはまらない社員とその家族がいたならば、あえて新たな制度を創設するのではなく、その社員とその家族に、スポットライトが当たるような運用、つまり個別対応が必要です。

というのは、近年、社員やその家族の生活実態は千差万別であり、その需要や欲求も多種多様になっているからです。

こうした中、全社員や多数の社員とその家族に該当する制度や、その平均値に合わせたような福利厚生制度を、創設、充実強化したとしても、その制度を真に求める社員とその家族には、利活用できないケースが発生してしまうからです。

ではこうした場合、企業としてどうすればいいのでしょうか。それは、新たな制度の創設ではなく、それを求めている社員に事情をよく聞き個別対応すればよいのです。

制度の改正や新たな制度の創設をしてしまうと、次から次に新たな需要や欲求が発生してしまい、企業の制度としてわかりにくい複雑なものとなってしまう恐れがあるからです。

個別対応の具体例を少し紹介します。

本書では紹介できませんでしたが、ある企業のベテラン社員ががんのためにおよそ三年間、一日も出社できませんでした。しかしながら、この企業は三年間、毎月の給料日と一年に二回のボーナス支給日に、一円も減額せず全額を病室に届け続けました。

しかも、驚くべきことにそうしてくれと社長に嘆願したのは若い社員たちでした。彼らは「自分たちが何もできなかった時代、先輩は私たちの給料分まで頑張ってくれた。私たちが病気になった時もそうしてください」と言ったそうです。

また、長期の入院加療のため、自分が持っていた有給休暇をすべて消化してしまった社員のために、残り七〇名の社員全員が、自分の有給休暇を一日ずつその社員にプレゼントした企業があります。

いやはや両社とも驚くべきいい企業だと思います。

これまた本書で紹介した企業ですが、社員が歯医者や病院に治療や見舞いに出かける時どころか、理髪店に行く時ですら、勤務時間に行くことを認め、それを奨励している企業もあります。

いずれのケースも、社内の福利厚生制度に明文化しているわけではありません。逆に言えば、こんな例外的なことを、いちいち制度化する必要はありません。そんなことをしていたら、企業の福利厚生は制度だらけになり、形骸化してしまいます。

ともあれ、紹介した三社ともに、社員のモチベーションはすこぶる高く、高業績を持続する企業としても有名です。

（4）社員だけでなくその家族も

これまでの福利厚生制度、とりわけ法定外福利の場合、その対象は主として社員そのものでした。

しかしながら、これからは社員は当然ですが、それと同様、社員の家族、欲を言えば、仕入先や外注企業の社員、つまり「社外社員とその家族」にも、その対象を拡大していくべきと思います。

というのは、どんな社員もそうですが、家族の物心両面の支援・協力無くしていい仕事はできないからです。

家族の支援が得られないばかりか、家庭内にギスギス感がはびこる中で出社したならば、周りの人々に感動を与えるような、いい仕事などできるはずがないからです。

ですから、社員の家族を「もう一人の社員」と評価し位置づけ、その幸せを念じ追求する福利厚生制度の用意が重要なのです。病気、障がい、高齢の家族の介護の問題への配慮も必要です。ただし、社員の家族を管理しなさいと言っている訳ではありません。社員の家族も会社の家族・仲間として見ましょうと言っているのです。

（5）金銭より心安らぐ福利厚生制度を

福利厚生制度の充実強化や新しい制度の導入というと、一般的にモノや金銭面を考えます。しかしながら、より重要なことは社員やその家族の心を満たす制度の充実強化や運用なのです。中小企業の場合あれもこれもやってあげたいと思っても、大企業と比較しそれにかけられる原資が限られており十分にできないのが現実です。

しかし、だからといってあきらめる必要はありません。というのは、本書にも事例として紹介しましたが、大した費用をかけなくても社員とその家族が喜ぶと思われる福利厚生制度は多々あるからです。

あとがき

近年、わが国社会が抱える問題は多々ありますが、中でも大きな問題は「少子高齢化」「慢性的税収不足と借金」「経済活力の低下」そして「大都市圏と地方圏の格差の拡大」等です。

こうした問題を解決しない限り、私たちは負の遺産を子供たちに背負わせることとなり、わが国の未来は暗いと思います。

では、こうした問題を解決する方法はあるのでしょうか。私たちはあると考えます。しかも上述した問題を同時に解決する方法があるのです。

それは、本書で繰り返し述べた「社員とその家族」「仕入先やその家族」「顧客」そして「障がい者等社会的弱者」等、人をとことん大切にする企業を飛躍的に増加させることです。

というのは、いつでもどこでも人を大切にする経営を実践している全国各地の企業を調べてみると、前述した問題を見事に解決していることがわかるからです。

より具体的に言えば、これら企業は、

①社員の子供の数が多い

②社員数を維持増加させている

③社員の離職率が低い
④障がい者や高齢者雇用に積極的
⑤黒字経営を持続している
⑥社会貢献に積極的

といった共通の特徴が見いだせるからです。

つまり、社員やその家族をはじめとした人を大切にする、人に優しい企業を全国各地に増加させることができたならば、わが国社会が抱える様々な問題解決が同時にできるのです。そればかりか、世界の国々から尊敬される国家になることができると、私たちは考えています。

なお、本書の執筆は、筆者の研究室に所属する修士課程・博士後期課程などの六五名強の社会人大学院生、研究生と筆者、そして別の研究テーマで共同研究している東海大学大学院の錦戸典子教授と研究室の院生、さらには他研究室の院生らが共同し行いました。

社会人大学院生は、中小企業をはじめとする各種組織の経営者や経営幹部、さらには公認会計士・税理士・社会保険労務士・中小企業診断士・経営コンサルタント、そして議員や公務員など多彩なメンバーです。

社会人大学院生は、平日は一八時三〇分から二一時四〇分まで東京や静岡のキャンパスで学び、土曜日は全員が都内市ヶ谷キャンパスに集合し、朝から夕方まで選択した講義の受講はもとより、研究室の全体研究やグループ研究、さらには個人研究を深め、その成果を高めるために通学しているのです。遠くは九州や四国から通学している学生もいますし、年齢も二〇歳代から七〇歳代まで幅広くいます。海外からの留学生もいます。

こうした社会人大学院生の学ぶ姿勢や生きる姿勢を目の当たりにすると、正直、頭が下がる思いですし、この国もまだ捨てたものではないと実感します。

かなり詳細に全国の中堅企業・中小企業で実施している福利厚生制度を調べたつもりですが、筆者らが知らなかったいい制度が、もっともっとあると思います。ですから読者の方々で、「こんないい制度を実施している企業等があるよ」といった情報があれば、ぜひご一報ください。今回は取り上げることのできなかった事例と共に、次作で取り上げさせていただきと思います。

本書出版のために研究室に設置した編集委員会のメンバー、とりわけ黒崎由行委員長やゼミ執行部の労も大きかったと思います。メンバー各位に心からお礼を申し上げます。

本書執筆のため筆者らが収集した事例は、当初二〇〇を優に超しましたが、一〇〇事例を厳選して紹介しました。

本書のタイトルは『日本でいちばん社員のやる気が上がる会社』ですが、本書の中心である

第二章のタイトルは、「社員と家族が飛び上がって喜ぶ福利厚生制度一〇〇」と大袈裟なタイトルとしました。読者の皆様が第二章を読み、飛び上がる・上がらないはともかく、今後の福利厚生制度の充実強化のヒントになれば幸いです。

最後になりますが、本書執筆にあたり、事例として取り上げさせていただいた企業の皆様には、大変お世話になりました。この場を借り厚くお礼申し上げます。

また、本書の出版の機会をくださったばかりか、六五名強が書いたさまざまな原稿の加筆修正に尽力くださった筑摩書房の編集担当羽田雅美氏にも、厚くお礼申し上げます。

本書が組織満足度・社員満足度を高めることにより、より良い企業づくりをしたいと考えている経営者をはじめとして企業関係者にとって、少しでもお役に立てることができれば幸せです。

二〇一六年一月

法政大学大学院　政策創造研究科教授　坂本光司

執筆者一同

執筆者一覧

法政大学大学院 政策創造研究科
坂本光司教授

東海大学大学院 健康科学研究科
錦戸典子教授

・事例執筆者

阿久津早紀子
荒尾宏治郎
石井智子
石川勝
井上宏
井上富紀子
井上竜一郎
岩崎龍太郎
宇佐美能基
内山隆司
王玲
岡田保
岡野清
岡野哲史
岡本恭子
垣内沙織理
金津敦子
亀井省吾
栗田泰徳
栗山茜
黒崎由行
後藤吉正
小林秀司
近藤博子
崔楚晗
斉藤和邦
笹尾佳子
佐藤浩司
佐野智紀
柴田弘美
島本さと子※
清水洋美
沈浩楠
杉田光徳
杉野直樹
瀬賀孝子
瀬戸佳
高橋はるな※
滝川裕美
武田和久
田島浩太
知野進一郎
勅使川原洋子
德丸史郎
中嶋敏子
西森義人
根本幸治
野口具秋
服部義典
林正人
原佳嗣 ●
原口佐知子
春木清隆
坂東祐治
人見正樹
平松きよ子
ファンイーアン
福井琴美
福満景子
藤井正隆
本田佳世子
増田かおり
桝谷光洋
水元孝枝 ●
村田光生
矢野和美
山内忠行
山田悟
弓場重裕
吉田奈都恵

※錦戸典子研究室
●石山恒貴研究室
五十音順

ちくま新書
1179

日本《にほん》でいちばん社員《しゃいん》のやる気《き》が上《あ》がる会社《かいしゃ》――家族《かぞく》も喜《よろこ》ぶ福利《ふくり》厚生《こうせい》100

二〇一六年三月一〇日　第一刷発行

著　者　坂本光司（さかもと・こうじ）＆坂本光司研究室

発行者　山野浩一

発行所　株式会社 筑摩書房
東京都台東区蔵前二-五-三　郵便番号一一一-八七五五
振替〇〇一六〇-八-四一二三

装幀者　間村俊一

印刷・製本　株式会社 精興社

乱丁・落丁本の場合は、左記宛にご送付ください。
送料小社負担でお取り替えいたします。
ご注文・お問い合わせも左記へお願いいたします。
〒三三一-八五〇七　さいたま市北区櫛引町二-六〇四
筑摩書房サービスセンター　電話〇四八-六五一-〇〇五三

ISBN978-4-480-06884-2 C0234

ちくま新書

1015
日本型雇用の真実
石水喜夫

雇用流動化論は欺瞞である。日本型雇用は終わっていない。労働力を商品と見て、競争を煽ってきた旧来の労働経済学を徹底批判。働く人本位の経済体制を構想する。

1023
日本銀行
翁邦雄

アベノミクスで脱デフレに向けて舵を切った日銀は、本当に金融システムを安定させられるのか。金融政策の第一人者が、日銀の歴史と多難な現状を詳しく解説する。

1032
マーケットデザイン
——最先端の実用的な経済学
坂井豊貴

腎臓移植、就活でのマッチング、婚活パーティー!? お金で解決できないこれらの問題を解消する画期的な思考を解説する。経済学が苦手な人でも読む価値あり！

1042
若者を見殺しにする日本経済
原田泰

社会保障ばかり充実させ、若者を犠牲にしている日本経済に未来はない。若年層が積極的に活動し、失敗しても取り返せる活力ある社会につくり直すための経済改革論。

1046
40歳からの会社に頼らない働き方
柳川範之

誰もが将来に不安を抱える激動の時代を生き抜くには、どうするべきか？「40歳定年制」で話題の経済学者が、新しい「複線型」の働き方を提案する。

1056
なぜ、あの人の頼みは聞いてしまうのか？
——仕事に使える言語学
堀田秀吾

頼みごと、メール、人間関係、キャッチコピーなど、仕事の多くは「ことば」が鍵！ 気鋭の言語学者が、ことばの秘密を解き明かし、仕事への活用法を伝授する。

1058
定年後の起業術
津田倫男

人生経験豊かなシニアこそ、起業すべきである——第二の人生を生き甲斐のあふれる実り豊かなものにしたいあなたに、プロが教える、失敗しない起業のコツと考え方。

1061
青木昌彦の経済学入門
——制度論の地平を拡げる
青木昌彦
社会の均衡はいかに可能なのか？　現代の経済学を主導した碩学の知性を一望し、歴史的な連続／不連続性のなかで、ひとつの社会を支えている「制度」を捉えなおす。

1065
中小企業の底力
——成功する「現場」の秘密
中沢孝夫
国内外で活躍する日本の中小企業。その強さの源は何か？　独自の技術、組織のつくり方、人材育成……。多くの現場取材をもとに、成功の秘密を解明する一冊。

1092
戦略思考ワークブック【ビジネス篇】
三谷宏治
Ｓｕｉｃａ自販機はなぜ1・5倍も売れるのか？　1着25万円のスーツをどう売るか？　20の演習で、明日から使える戦略思考が身につくビジネスパーソン必読の一冊。

1128
若手社員が育たない。
——「ゆとり世代」以降の人材育成論
豊田義博
まじめで優秀、なのに成長しない。そんな若手社員が増加している。本書は、彼らの世代的特徴、職場環境、大学での経験などを考察し、成長させる方法を提案する。

1130
40代からのお金の教科書
栗本大介
子どもの教育費、住宅ローン、介護費用、老後の準備、相続トラブル。取り返しのつかないハメに陥らないために、「これだけは知っておきたいお金の話」を解説。

1138
ルポ 過労社会
——八時間労働は岩盤規制か
中澤誠
長時間労働が横行しているのに、さらなる規制緩和は必要なのか？　雇用社会の死角をリポートし、「働きすぎの日本人」の実態を問う。佐々木俊尚氏、今野晴貴氏推薦。

1166
ものづくりの反撃
藤本隆宏
中沢孝夫
新宅純二郎
「インダストリー4.0」「ＩｏＴ」などを批判的に検証し、日本の製造業の潜在力を分析。現場で思考をつづけてきた経済学者が、日本経済の夜明けを大いに語りあう。

ちくま新書

924
無料ビジネスの時代
——消費不況に立ち向かう価格戦略
吉本佳生
最初は無料で商品を提供しながら、最終的には利益を得ようとする「無料ビジネス」。こんな手法が社会的に求められるのはなぜか？　日本経済のゆくえを考える。

928
高校生にもわかる「お金」の話
内藤忍
お金は一生にいくら必要か？　お金の落とし穴って何だ？　AKB48、宝くじ、牛丼戦争など、身近な喩えでわかりやすく伝える、学校では教えない「お金の真実」。

930
世代間格差
——人口減少社会を問いなおす
加藤久和
年金破綻、かさむ医療費、奪われる若者雇用——。年齢によって利害が生じる「世代間格差」は、いかに解消できるか？　問題点から処方箋まで、徹底的に検証する。

931
20代からのファイナンス入門
——お金がお金を生む仕組み
永野良佑
一見複雑に思える金融のメカニズム。しかし、基礎の考え方さえ押さえておけば、実はすべてが腑に落ちる仕方で理解できる。知識ゼロから読めるファイナンス入門。

973
本当の経済の話をしよう
若田部昌澄
栗原裕一郎
難解に見える経済学も、整理すれば実は簡単。わかりやすさで定評のある経済学者・若田部昌澄に、気鋭の評論家・栗原裕一郎が挑む、新しいタイプの対話式入門書。

976
理想の上司は、なぜ苦しいのか
——管理職の壁を越えるための教科書
樋口弘和
いい上司をめざすほど辛くなるのはなぜだろう。頑張るほど疲弊してしまう現代の管理職。では、その苦労の理由とは。壁を乗り越え、マネジメント力を上げる秘訣！

1006
高校生からの経済データ入門
吉本佳生
データの収集、蓄積、作成、分析。数字で考える「頭」は、情報技術では絶対に買えません。高校生でも、そして大人でも、分析の技法を基礎の基礎から学べます。

ちくま新書

842 **組織力** ——宿す、紡ぐ、磨く、繋ぐ
高橋伸夫
経営の難局を打開するためには〈組織力〉を宿し、紡ぎ、磨き、繋ぐことが必要だ。新入社員から役員まで、組織人なら知っておいて損はない組織論の世界。

851 **競争の作法** ——いかに働き、投資するか
齊藤誠
なぜ経済成長が幸福に結びつかないのか？　標準的な経済学の考え方にもとづき、確かな手触りのある幸福を築く道筋を考える。まったく新しい「市場主義宣言」の書。

857 **日本経済のウソ**
髙橋洋一
円高、デフレ、雇用崩壊——日本経済の沈下が止まらない。この不況の時代をどう見通すか？　大恐慌から現代まで、不況の原因を検証し、日本経済の真実を明かす！

869 **35歳までに読むキャリア《しごとえらび》の教科書** ——就・転職の絶対原則を知る
渡邉正裕
会社にしがみついていても、なんとかなる時代ではなくなった。どうすれば自分の市場価値を高めて、望む仕事に就くことができるのか？　迷える若者のための一冊。

878 **自分を守る経済学**
徳川家広
日本経済の未来にはどんな光景が待ち受けているのか？　徳川宗家十九代目が、経済の仕組みと現在へ至る歴史を説きながら、身を守るためのヒントを提供する！

884 **40歳からの知的生産術**
谷岡一郎
マネジメントの極意とは？　時間管理・情報整理・知的生産の3ステップで、その極意を紹介。ファイル術からアウトプット戦略まで、成果をだすための秘訣がわかる。

921 **お買い物の経済心理学** ——何が買い手を動かすのか
徳田賢二
我々がモノを買う現場は、買い手と売り手の思惑がぶつかり合う場所である。本書は、経済学の知見をもとに売買の原理を読み解き、読者を賢い買い方へと案内する。

ちくま新書

619 経営戦略を問いなおす　三品和広

戦略と戦術を混同する企業が少なくない。見せかけの「戦略」は企業を危うくする。現実のデータと事例を数多く紹介し、腹の底からわかる「実践的戦略」を伝授する。

701 こんなに使える経済学 ——肥満から出世まで　大竹文雄編

肥満もたばこ中毒も、出世も談合も、経済学的な思考を上手に用いれば、問題解決への道筋が見えてくる！　経済学のエッセンスが実感できる、まったく新しい入門書。

785 経済学の名著30　松原隆一郎

スミス、マルクスから、ケインズ、ハイエクを経てセンまで。各時代の危機に対峙することで生まれた古典には混沌とする経済の今を捉えるためのヒントが満ちている！

807 使える！経済学の考え方 ——みんなをより幸せにするための論理　小島寛之

人は不確実性下においていかなる論理と嗜好をもって意思決定するのか。人間の行動様式を確率理論を用いて抽出し、社会的な平等・自由の根拠をロジカルに解く。

822 マーケティングを学ぶ　石井淳蔵

市場が成熟化した現代、生活者との関係をどうデザインするかが企業にとって大きな課題となる。著者はここを起点にこれからのマーケティング像を明快に提示する。

827 現代語訳 論語と算盤　渋沢栄一　守屋淳訳

資本主義の本質を見抜き、日本実業界の礎となった渋沢栄一。経営・労働・人材育成など、利潤と道徳を調和させる経営哲学には、今なすべき指針がつまっている。

837 入門　経済学の歴史　根井雅弘

偉大な経済学者たちは時代の課題とどう向き合い、それぞれの理論を構築したのか。主要テーマ別に学説史を描くことで読者の有機的な理解を促進する決定版テキスト。